Jürgen Dittberner

Episode Westberlin

Ein Mythos verblasst

Jürgen Dittberner

EPISODE WESTBERLIN

Ein Mythos verblasst

Edition Noëma

Bibliografische Information der Deutschen Nationalbibliothek
Die Deutsche Nationalbibliothek verzeichnet diese Publikation in der Deutschen Nationalbibliografie; detaillierte bibliografische Daten sind im Internet über http://dnb.d-nb.de abrufbar.

Bibliographic information published by the Deutsche Nationalbibliothek
Die Deutsche Nationalbibliothek lists this publication in the Deutsche Nationalbibliografie; detailed bibliographic data are available in the Internet at http://dnb.d-nb.de.

ISBN-13: 978-3-8382-1911-0

Edition Noëma

Printed in the EU

INHALT

Vorwort

„Am 13. August, und keiner hat's gewusst!"

So schallte es 1961 höhnisch aus Ostberlin in den Westen. Die „DDR" hatte die Mauer gebaut. Bis zum 9. November 1989 war Westberlin ab da ummauert - ein halbes Menschenleben lang! In dieser Zeit entwickelte sich in der Halbstadt ein eigenes Wertesystem und formte die meisten der etwa zwei Millionen, die darin wohnten. Sie wollten keine „Westdeutschen" und schon gar keine „DDR-Bürger" sein. Zwar lebten diese „Insulaner" mit und gerne auch vom „Westen", zahlten mit „D-Mark" und kassierten Zuschüsse. Sie fühlten sich aber in erster Linie als gute Freunde in Paris, London oder Washington. „Westdeutschland" war für sie Provinz. Sie meinten, in Deutschland etwas Besonderes zu sein.

An eine Wiedervereinigung Deutschlands glaubte in Westberlin kaum jemand. „Das machen wir nach der Vereinigung.", lautete ein ironischer Spruch, wenn etwas an der Spree auf die lange Bank geschoben wurde - und das geschah ziemlich oft.

Da verkündete im November 1989 der „DDR"-Funktionär Günter Schabowski, dass die Mauer „...sofort, unverzüglich" offen sei. Massen aus Ost und West überrannten daraufhin das plötzlich funktionslos gewordene Bauwerk. - Es war wie im Märchen: Der Kaiser hatte keine Kleider!

Es dauerte eine Weile, bis die Westberliner verinnerlichten, dass ihre Insel und ihr umgebendes Festland eins wurden. Ein gemeinsames Wertesystem entstand nach und nach. Als dies geschehen war, dominierten in der Öffentlichkeit „Ost-" und „Westdeutschland". Von den „neuen Bundesländern" war die Rede und von der „alten Bundesrepublik".

Westberlin schien in Vergessenheit zu geraten. Aber es hatte seine Menschen geprägt. Die erlebten gerade, wie ihre Stadt eine hippe Partymetropole werden wollte und wie ihr dabei das Geld ausging. Sie mussten erfahren, dass nicht einmal gutmütige Brandenburger mit ihnen zusammen in die Zukunft schreiten wollten.

Die kleine Westberliner Wurzel des vereinten Deutschlands sollte aber beachtet werden. Deren Suche nach Freiheit ist weiterhin aktuell.

Hoffentlich belegt dieses Buch das, und Westberlin wird nicht vergessen. – Ich danke meiner lieben Ehefrau Elke Dittberner für die Hilfe bei meiner Arbeit.

Berlin, 2023 Jürgen Dittberner

DAVOR
Noch Krieg?

1. Bombenalarm

Scheinbar geschützt und in Ruhe spielte der Fünfjährige in der Buddelkiste des Gartens hinter dem Wohnhaus. Das war ein dreistöckiges Mietshaus mit drei Aufgängen, und es stand an einer Ausfallstraße von Berlin nach Potsdam. Hier verbrachte der Knabe seine Tage, und mittags beorderte ihn seine Mutter - der Vater war „an der Front" - vom Wohnzimmerfenster aus an den Tisch. Sofort nach dem Essen - Getränke gab es nicht - flitze der Junge wieder „nach unten" zur Buddelkiste. Aus nassem Sand hatten er und seine Freunde eine Straße geformt, und danach sausten Spielzeugautos über die Piste. Das machte Spaß!

Da fuhr der Schreck den Kindern in die Glieder. Von den Dächern der umliegenden Häuser jaulten im sich ständig wiederholenden Rhythmus laut die Sirenen: „Bombenalarm". Die Kinder wussten, was das bedeutete. Sie flohen panisch in einen Keller des Hauses. Das war der „Luftschutzbunker". Kurz bevor auch er ins Haus rannte, sah der Knabe, wie von Westen her schwarze Bomberflugzeuge über den Horizont stiegen und bedrohlich angerückten. Angsteinflößend war das!

Im Keller kauerten sich alle - Alt und Jung - zusammen und bangten um ihr Leben. Manche beteten still vor sich hin. Da hörten sie das Dröhnen der Maschinen am Himmel, und plötzlich stürzten Kalk, Mörtel und Ziegelsteine auf sie herab, und die Erde schien zu beben.

Getroffen!

Der Einschlag schien eine Ewigkeit zu währen, dann lichtete sich der Staub langsam.

Ausgebombt!

Wie gelähmt saßen die Hausbewohner da. Stumm entfernten sie Staub und Dreck von ihren Körpern. Das war von oben auf sie herabgefallen. Da stöhnte einer: „Waren britische Brandbomben. Die wollten die Kasernen da nebenan treffen. Sind ja auch gleich hinter der Straße."

Eine andere Stimme: „Oben unterm Dach brannte Licht."

Dan entfuhr es einer Frau: „Der junge Mann da hinten ist tot."

Stille.

Die Überlebenden schlichen an die Erdoberfläche. Sie sahen das schwarze Geschwader gegen Western fliegen. Schnell verschwand es hinter dem Horizont.

Im Mietshaus war Feuer. Kleine rote Flammen zündelten auf –'mal hier, 'mal dort.

Das Treppenhaus war noch begehbar. Die Mutter eilte in ihre Wohnung im 1. Stock. Die Möbel waren zerstört. Das Interieur war auf den Boden gestürzt und meist geborsten. Nur eine Porzellanfigur, ein Gitarre spielender Harlekin, lag heil zwischen dem Schutt.

Mutter, Sohn und Harlekin „übernachteten" in der Mietswohnung einer Freundin irgendwo in der Innenstadt. Dort waren sie untergekommen.

Immerhin!

2. Versuchung

Noch immer hieß es: „Ein Volk, ein Reich, ein Führer!"

Der nunmehr Sechsjährige ging mit seiner Mutter die Straße entlang. Da kam ihnen ein Trupp der „Hitlerjugend" („HJ") entgegen. Die Jungen waren kurzbehost, hatten ein „Fähnlein" dabei, Musikanten ebenfalls, und sie marschierten zu flotter Musik.

Der Sechsjährige bettelte: „Da will ich hin!" Doch die Mutter zerrte ihn: „Komm weiter!"

Zu Hause brachte der „Großdeutsche Rundfunk" Nachrichten und berichtete von einer „Schlacht bei Budapest". Die deutsche „Wehrmacht" hätte einen großen Sieg errungen. Beim Großvater dann lief im verdunkelten Wohnzimmer der „Londoner Rundfunk" und meldete, die Deutschen hätten eine vernichtende Niederlage erlitten.

Eine Tante aus dem „Bayerischen Viertel" in Berlin hatte zuvor berichtet, in ihrem Mietshaus hätten sie wieder Juden „abgeholt". Die Mutter gab der Tante ein Zeichen: „Nicht vor dem Jungen!"

3. Nicht für Deutsche

1945 war der Krieg formal zwar beendet, aber in den Herzen und Köpfen tobte er weiter. Kein Mensch kann von einem Moment auf den anderen aus einem „Gegner“ und „Feind“ einen „Verbündeten“ oder „Freund“ machen.

Ein Onkel des Sechsjährigen musste das am eigenen Leibe erleiden, denn er litt an „TBC“. - „TBC“, auf lateinisch „Tuberculosis“, war als „Schwindsucht“ bekannt und in Deutschland eine Nachkriegsplage.

In Bernau bei Berlin lag ein junger Mann in der vom Kochherd erwärmten Küche - die anderen Räume waren nicht geheizt - eines Siedlerhauses und litt an „Schwindsucht“. Er war leidend. Seine Eltern wussten, dass die „TBC“ - eine Infektion - ihn befallen hatte, und sie konnten ihm nicht helfen. Alle herkömmlichen Hausmittel - Bettruhe, Säfte, Obst, Wadenwickel - halfen nicht; die Krankheit schritt voran.

Mutter und Vater - sie ursprünglich aus Köln am Rhein, er aus Breslau in Schlesien stammend - hatten drei Kinder: Zwei Söhne und eine Tochter. Diese waren alle „erwachsen“. Der eine Sohn war in Kriegsgefangenschaft, die Tochter lebte mittlerweile in Hamburg, und der zweite Sohn lag da mit seiner Krankheit.

Diese galt als unheilbar - jedenfalls für die Eltern in Bernau bei Berlin. Wo der erste Sohn gefangen gehalten war, wussten sie nicht. Und von Hamburg nach Bernau zu reisen, war zu der Zeit unmöglich.

Der zweite Sohn, der Kranke, hatte die meisten Sorgen bereitet. Zwar gab es damals schon ein Medikament, das gegen die „TBC“ half. Aber das hatten die USA. Und die gaben es erst ´mal nicht weiter an Deutsche.

So wurde der junge Mann in Bernau immer hinfälliger, und schließlich starb er.

Später - längst war das Medikament gegen „TBC“ auch für Deutsche zugänglich - erfuhren die Eltern, dass die

Besatzungsmacht es zunächst zurückgehalten hatte – als Strafe dafür, dass diese Deutschen einen fürchterlichen Krieg angefangen hatten.

Der junge Mann aus Bernau bei Berlin aber lebte nicht mehr.

DANACH
Kriegsende

4. Aus

1945 brach alles Organisatorische und Staatliche zusammen. Deutschland hatte den Weltkrieg verloren. Die Sowjetische Armee – die „Russen“ – standen vor der deutschen „Reichshauptstadt“.

Die Propaganda der nationalsozialistischen Herrscher hatte nicht aufgegeben. Spandau, der westlichste Bezirk von „Groß-Berlin“, war noch nicht eingenommen. Da behaupteten Reste des untergehenden Regimes, man könne „die Russen“ am Einmarsch in die Zitadellenstadt hindern, indem man auf der nach Spandau führenden „Heerstraße“ „Panzersperren“ errichte. „Panzersperren“, das waren quer zum Straßenverlauf aufgeschüttete Sandberge. Mit letzter Kraft wurden diese gebaut. Für einen winzigen Moment fühlte sich der westliche Rand Berlins vor den Fremden geschützt.

Da rollten die sowjetischen Panzer an und fuhren durch die gegen sie errichteten Sandberge wie durch Butter hindurch.

Die Nazi-Propaganda erlosch. Auch Spandau war eingenommen.

Aus Häuserzeilen entlang der einstigen Einkaufsstraßen wurden brennende Ruinen, Oberleitungen der einstigen „Elektrischen“ stürzten herab, auf den Straßen fuhren keine Autos mehr. Stattdessen lagen dort jetzt tote junge Soldaten in „Wehrmachts-“uniformen – neben ihnen ihren ebenfalls toten Pferde.

Fortan humpelten Einbeinige mit ihren Holzprothesen und Krücken durch den Bezirk. Auch Einarmige waren unterwegs. Sowjetische Militärlastwagen huschten vorbei. Sie hatten fröhliche junge Menschen „geladen“. Die lachten und winkten.

Eine junge deutsche Frau irrte umher. Da kam ein Sowjetsoldat – „ein Russe!“ – auf sie zu. Er drückte ihr einen Reisigbesen in die Hand und befahl: „Du Straße fegen!“

Sie fegte.

5. Hätte, hätte, Fahrradkette 1

(Das merkte später ein deutscher Kanzlerkandidat im Fernsehen in anderem Zusammenhang an.[1])

„Hätten" die Alliierten nach 1945 - wie geschehen - nur Deutschland, nicht aber Berlin, aufgeteilt, wäre die alte Hauptstadt des besiegten Reiches als Ganzes der sowjetischen Besatzungszone zugeschlagen worden. Daraus „hätten" sich wahrscheinlich - wie geschehen - zwei deutsche Staaten - die „Bundesrepublik Deutschland" („BRD") im Westen und die „Deutsche Demokratische Republik" („DDR") im Osten entwickelt.

Dann „hätte" Deutschland - wie geschehen - zwei Hauptstädte gehabt: Bonn am Rhein im Westen und Berlin an der Spree im Osten. Neben Oder und Neiße wäre - wie geschehen - die Elbe zum Grenzfluss geworden.

Alles wie geschehen. Nur Westberlin „hätte" es nicht gegeben. Präsident Kennedy „hätte" sich nicht als „Biliener" geoutet, und die „Volkskammer" der „DDR" „hätte" womöglich im Reichstag ihren Sitz genommen, derweil mehrere „HO"s („Handelsorganisation" der „DDR") am Kurfürstendamm eröffnet „hätten". Und der „Kurfürstendamm" wäre sowieso umbenannt worden, vielleicht in „Liebknecht-Promenade". Die Menschheit „hätten" von der Existenz Ernst Reuters, Harald Juhnkes oder Paul Kuhns nichts erfahren. Ob Willy Brandt seine Karriere als Oberbürgermeister von Bonn gestartet „hätte"? Ganz sicher „hätte" der Bundestag am Rhein ein schönes neues und teures Parlamentsgebäude errichtet, und der Architekt wäre vielleicht Renzo Piano gewesen. Der Flughafen „Köln/Bonn" wäre in „Bonn/Köln" umgetauft worden. „Hertha BSC" in Berlin „hätte" ebenfalls den Namen gewechselt - als „BFC Dynamo Charlottenburg" „hätte" der Club dafür weiterhin - mehr schlecht als recht im „Olympiastadion" spielen dürfen. Über die „Friedensallee" - früher „Heerstraße" - „hätte" man zu den Spielen fahren können.

---

1 SPD Kanzlerkandidat Peer Steinbrück in der „ARD" am 12.4. 2013

Doch was wäre aus jenen geworden, die später und realiter in der Wolle gefärbte Freiheitsliebhaber Westberlins wurden? Sie wären vielleicht brave „DDR"-Bürgern geworden.

Der unten beschriebene Friedrich Schnabel „hätte" in der Zeit zwischen Schule und Studium zur „Nationalen Volksarmee" („NVA") gemusst, um an der „Humboldt-Universität" in der Straße „Unter den Linden" Jura studieren zu können. Das „hätte" er tun dürften, denn sein kleinbürgerliches Elternhaus entsprach den sozialstrukturellen Ansprüchen der „SED"-Führung. Als er das „Arbeiterkind" Charlotte Mühsam ehelichte, „hätte" er im Plattenbau eine 2 ½-Zimmer große Neubauwohnung in Berlin-Tiergarten zugewiesen bekommen. Dort „hätte" das Ehepaar Schnabel lebenslang gewohnt.

Zum Jahrestag der Gründung der „DDR" „hätte" die „Freie Deutsche Jugend" („FDJ"), deren Mitglied Schnabel gewesen wäre, ihn und viele andere Blauhemden[2] zum Defilee vor der Ehrentribüne mit den Spitzen der „DDR" – die meistens „SED"-Genossen waren – „verpflichtet". Hinterher „hätte" er vielleicht zusammen mit den anderen Junggenossen andachtsvoll das „Lied vom kleinen Trompeter"[3] gesungen.

Das wäre die politische Realität gewesen: Nach dem 2. Weltkrieg „hätten" sich zwei deutsche Staaten aus den ehemaligen Besatzungszonen der vier Sieger entwickelt. Irgendwann „hätten" diese Staaten sachliche Beziehungen zueinander entwickelt. Global gehörten sie zwar verschiedenen „Blöcken" an: Die zentralistische „DDR" mit ihrer „Volksarmee" dem „Ostblock" und die föderalistische „BRD" mit der „Bundeswehr" dem „Westblock". Ostdeutschland hätte sich ein wenig preußisch gefühlt – sozialistisch geläutert natürlich. Westdeutschland wäre stolz auf seine regionale Vielfalt gewesen. Der Nabel der Welt wäre für die „DDR" Moskau, für die „BRD" Washington geworden. Ost- und Westfernsehen und

---

2 Spitzname der „FDJ"-Mitglieder, anspielend auf ihre obligatorischen blauen Blusen

3 In der „DDR" gepflegtes sentimentales Lied über eine Episode im 1. Weltkrieg. Der „kleine Trompeter" starb im Feld, nachdem er noch Meldung gemacht hatte. Autor: Hannes Wader

-Radio „hätte“ man überall empfangen können; die Schweiz und Österreich bereicherten zusätzlich das dargebotene Programm.

„DDR-Bürger“ sagten ihre politische Meinung zu Hause frank und frei, in der Öffentlichkeit dagegen lieber nicht. „BRD-Bürger“ hingegen hätten gelernt, ihre Meinung auch öffentlich zu äußern, denn ihr Staat wäre ja eine „Demokratie“.

Die Liebe zu Kleingärten wäre allen Deutschen geblieben: Die Sehnsuchtsorte im Osten wären die „Datschen“ geworden, und die Westler „hätten“ das „Laubenpieper“-Leben schätzen gelernt.

Die Deutschen in Ost und West „hätten“ sich spätestens ab dem Jahr 2000 an die zwei Staaten ihrer Nation gewöhnt. Anfangs hätte es noch Umzüge - meist von „Ost“ nach „West“ - gegeben. Allmählich jedoch hätte es sich bei Urlaubsreisen eingebürgert, dass Ostdeutsche mehr und mehr nach Bayern fuhren, und viele Westdeutsche es zunehmend in die Ostseebäder Ahlbeck, Heringsdorf oder Zinnowitz zog. Zwar wäre der Wohlstand in der „DDR“ nicht so ausgeprägt wie im deutschen Weststaat geworden, aber zu Essen und Trinken „hätten“ alle genug gehabt. Für ein „Bierchen“ „hätte“ es hüben und drüben immer noch gereicht.

Eine Fusion beider deutscher Staaten „hätte“ kaum jemand begehrt. Im Ausland wären sie froh gewesen, dass Deutschland nach dem Weltkrieg in die Weltordnung eingehegt gewesen wäre. Sowohl der Ostblock als auch der Westblock „hätten“ über ein Stück Deutschland verfügt, und das „hätte“ dem Frieden in der Welt gutgetan.

Alle „hätten“ Deutschland vielleicht sogar so sehr geliebt, dass sie es schön gefunden „hätten“, es nun zweimal zu haben!

Und Westberlin „hätte“ es nie gegeben!

„Hätte, hätte, Fahrradkette!“

6. Aber so war es wirklich 1

Liegt Potsdam bei Berlin oder Berlin bei Potsdam? War der Alte Fritz westlich an der Mühle bei Sanssouci zu Hause oder am Prachtboulevard weiter östlich? Führt die Glienicker Brücke über die Havel von Berlin nach Potsdam oder umgekehrt? Heißt der Ankunftsbahnhof in der Residenzstadt „Pirschheide“ oder „Hauptbahnhof“? Sind die „westdeutschen“ Studenten in Babelsberg eigentlich „hier in Berlin“ oder in „Brandenburg“? Fahren die Studies mit der S-Bahn oder mit dem ICC zur „Friedrichstraße“? Wo fährt es sich billiger und wo gar gratis?

Fragen über Fragen: Wie war es vor, wie nach 1945? Was geschah 1989? Liegt die Heilandskirche eigentlich noch in Brandenburg, oder gehört sie schon zu Berlin? War Westberlin ein Vorort von Potsdam, Berlin aber Hauptstadt? Residieren die Bürgermeister von Zehlendorf und Potsdam nebeneinander?

Die Politik dominierte fast fünfzig Jahre lang die Lage der Städte Potsdam und Berlin. Der Westen war im Osten und der Osten im Westen. Dann wurde Potsdam Landeshauptstadt eines der „Neuen“ Bundesländer Deutschlands, Westberlin und Ostberlin taten sich zusammen zur Stadt Berlin. Schließlich wurde das vereinigte Berlin sogar die Hauptstadt des ganzen Landes. Das im fernen Westen am Rhein gelegene Bonn musste zurück in die zweite Reihe. Sogar viele Potsdamer waren stolz, in der „Hauptstadtregion“ Deutschlands zu leben. Aber vereinigen mit Berlin wollten sie sich lieber nicht: Die Hauptstadt schien zu viele Schulden zu haben.

„Berlin-Brandenburg“ blieb ein Traum. Seitdem residiert ein Landtag an der Havel westlich von Berlin, der Bundestag jedoch an der Spree östlich von Potsdam. Noch weiter östlich tagt im „Roten Rathaus“ das „Abgeordnetenhaus“ – praktisch der Landtag von Berlin. Weiter dahinter liegen Frankfurt an der Oder und Polen, wesentlich weiter westlich hingegen Magdeburg, Hannover, Köln am Rhein und Frankreich.

Der Status des Kriegsverlierers Deutschland wurde nach 1945 von den Siegermächten nicht am Rhein, sondern in Brandenburg besprochen. Das geschah nicht an der Spree, sondern an der Havel - in Potsdam nämlich. Bei der „Potsdamer Konferenz" trafen sich die damals Großen der Welt. Sie waren Herren über Deutschland, nahmen ihm seine Ostgebiete ab, teilten den Rest des Landes in „Zonen" ein - nicht ohne obendrein das einstige Großberlin in Sektoren zu zerlegen und damit den Samen zu säen für das spätere Westberlin.

Zuvor - im März 1933 war der „Tag von Potsdam". Am 21. dieses Monats verneigte sich der eben gewählte Reichskanzler Adolf Hitler in der Garnisonkirche zu Potsdam vor dem betagten Reichspräsidenten Paul von Hindenburg. Der Präsident trug Pickelhaube und eine ordensübersäte Uniform. Der neue Kanzler war - sorgfältig gescheitelt - in Zivil erschienen. Die „Machtergreifung" der „NSDAP" in Deutschland begann an diesem Ort.

Vom 17. Juli 1945 bis zum 2. August desselben Jahres dann trafen sich - wieder in Potsdam und diesmal im „Schloss Cecilienhof" - US-Präsident Harry S. Truman, der sowjetische Generalissimus Josef Stalin und der britische Premierminister Clement Attlee als Repräsentanten der Siegermächte über Deutschland. Stalin trug eine helle Uniformjacke; die beiden anderen Herren waren zivil gekleidet. Das war die „Konferenz von Potsdam".

Bilder aus Potsdam bei Berlin gingen um die Welt.

Wer später - nach der Vereinigung Deutschlands - in der alten und neuen Hauptstadt Deutschlands weilte und einen Ausflug ins „Brandenburgische" und in die Landeshauptstadt Potsdam machen wollte, konnte von Osten her Richtung Westen mit der S-Bahn von Berlin-Westkreuz aus über die Stationen Grunewald, Wannsee, Griebnitzsee und Babelsberg fahren oder mit dem Auto über die „AVUS" in die gleiche Richtung: Potsdam war zwar zu „DDR"-Zeiten „Osten", lag aber auf allen Landkarten stets westlich von Berlin.

Die Geografie hatte die Politik überlebt.

7. Geografie oder Politik?

Formal war Berlin noch eine Stadt, aber dass der Ostteil sich zur „Hauptstadt", der allmählich heranwachsenden „DDR" mauserte und der Westteil sich als „Westberlin" zu entwickeln begann, war unübersehbar.

Wo die aus dem Süden kommende Spree in die vom Norden her fließende Havel mündet, hatte die Politik die Geografie ausgetrickst und neu definiert. „Osten" stand jetzt für „sowjetisch", „unfrei", Russland, realen Kommunismus und materiellen Mangel. „Westen" dagegen war das Synonym für „demokratisch", „frei", Amerika-England-Frankreich, Kapitalismus und Wohlstand.

Im Sprachgebrauch siegte die Politik über die Geografie: Sogar im Ortsteil Staaken von Berlin-Spandau wiederholte sich das, denn „Oststaaken" blieb nach dem Willen der Sieger des Zweiten Weltkrieges bei Spandau, während Weststaaken in die „DDR" abwanderte. Dafür durfte das weiter östlich in Berlin-Charlottenburg gelegene „Haus des Rundfunks" im Westen sein.

Wahnsinn bürgerte sich ein.

Wer später als Westberliner in den Osten nach Potsdam wollte, besorgte sich einen „Passierschein" aus dem Osten, der in einer ostverwalteten „Passierscheinstelle" in Westberlin ausgehändigt wurde. Für ein paar Stunden dufte der Westberliner dann rein in den Osten. Er fuhr dazu nach Richtung Westen in den Osten nach Potsdam, wo er feststellen konnten, dass die einst glorreiche Residenzstadt über kein Stadtschloss mehr verfügte: Der „Osten" hatte es abgerissen.

Wollte dagegen ein Ostberliner in die Havelstadt Potsdam, setzte er sich am besten im Bahnhof Alexanderplatz in die S-Bahn und fuhr westwärts nach „Potsdam Pirschheide". Neben Wildtieren und einem Wald war er am Rande der einstigen Preußenmetropole angelangt und hatte dazu den Westteil seiner eigenen Stadt umfahren. Um danach in die „City" Potsdams zu kommen, musste er noch eine kurze Strecke mit einem anderen Verkehrsmittel Richtung Osten fahren:

Aber nicht zu weit, denn da war auf der „Glienicker Brücke" die Grenze nach Westberlin!

8. Ostberlin

Der „Tränenpalast“ in Ostberlin, am Bahnhof Friedrichstraße, war einst für „Einreisende“ aus dem politischen Westen das Tor in die Welt des real existierenden Sozialismus. Uniformierte des „Arbeiter- und Bauernstaates“ saßen in einem Anbau am alten Verkehrsknotenpunkt und erteilten „Visa“, die zum zeitlich begrenzten Aufenthalt im „Osten“ berechtigten. Die meisten Antragsteller kamen aus dem nahen „Westen“ - also aus Westberlin. Viele aber waren auch aus dem ferneren Westen angereist - aus der in der „DDR“ „BRD“ genannten Bundesrepublik, zu der die Berliner „Westdeutschland“ sagten. Die „DDR“-Bediensteten stießen immer wieder auf Schwierigkeiten. So hallte es einmal durch den Saal: „Hier ist ein ´BRD-Kind` mit einer ´WB-Mutter`!“ Zu derartigen Problemen führte die Tatsache, dass Westberlin später eine „selbständige politische Einheit“ sein sollte, Westgeld und Westgesetze hatte, aber trotzdem nicht zur „BRD“ gehörte.

In Nachbarschaft zum Tränenpalast lag der Friedrichstadtpalast. Man musste über die „Weidendamer Brücke“ - deren Mitte vom „preußischen Ikarus“ verziert ist - spazieren, danach die Friedrichstraße queren, und schon kam man in den weltberühmten Musentempel, als dessen Spezialität die langen Beine von in Reih und Glied tanzenden „Girls“ - pardon: „jungen Damen“ aus der „DDR“ - galten. Das hier - da waren sich alle Kritiker einig - war das zweitbeste Varieté der Welt nach Las Vegas in den USA. Nur befand sich der Friedrichstadtpalast im Zentrum der kommenden „Hauptstadt der DDR“ - also im Osten, und Las Vegas weit im West - im verhassten Amerika. Wer in Köln wohnte, lange Mädchenbeine mochte und wenig Geld hatte, reiste nicht über den Atlantik nach Westen, sondern lüftete lieber im Osten den „Eisernen Vorhang“, um sich in einer angehenden Hauptstadt des an sich ungeliebten Sowjetimperiums wie Bolle zu vergnügen. Der „Alte Fritz“, der hier einst herrschte, wäre wohl schnell westwärts nach „Sanssouci“ geflohen und hätte dort ein Flötenkonzert gegeben.

Wollte dagegen zu „DDR"-Zeiten einer aus Westberlin in offiziellem Auftrag nach Warschau reisen, so setzte er sich ins Flugzeug nicht Richtung Osten, sondern er flog nach Frankfurt am Main in den Westen, um dort eine Maschine nach Warschau zu besteigen: Sollen die im sozialistischen Polen ruhig sehen, wohin Westberlin tatsächlich gehörte!

„Ost" und „West" waren eben wichtiger als Ost und West.

Damals wars Westberlin

9. Blockade

Die „Blockade“[4] (24. Juni 1948 bis 12. Mai 1949) war die Geburt Westberlins.

Mit der Abriegelung der amerikanischen, britischen und französischen Verwaltungsbezirke von den sowjetischen und vom Umland wollten die Sowjets verhindern, dass aus der „Trizone“ im Westen Deutschlands die Bundesrepublik („BRD“) würde, und sie wollten sich obendrein Deutschland als Ganzes einverleiben. Dabei wehrten sie sich zugleich gegen die „Währungsreform“; die Einführung der westdeutschen „DM“ auch in Westberlin. Böse Szenen entstanden, als deutsche Reisende zurück an ihre Ausgansorte geschickt wurden oder als Westberliner Haushalten der Strom abgedreht wurde. Doch die „Blockade“ misslang wegen des entschiedenen Widerstandes der Westberliner und dank einer westalliierten „Luftbrücke“.

Viele Menschen in Berlin erinnerten sich später, dass während der „Blockade“ sogar Wasserflugzeuge auf der Havel gelandet waren, um Versorgungsgüter heranzuschaffen. Als Kinder hatten sie das bestaunt. Die Flieger brachten bis dahin ungekannte Lebensmittel in die Stadt. Es gab Milchpulver und zu „Trockenkartoffeln“ verarbeitete „Pommes frites“. So etwas ließ sich auf dem Luftweg von Westdeutschland nach Berlin eben besser transportieren als frische Nahrung.

Im Minutentakt donnerten alliierte Flugzeuge in die Halbstadt hinein. Es war die größte Zeit des Flughafens Tempelhof, denn die Wasserflugzeuge spielten eine Nebenrolle.

Für die Berliner Kinder soll es sogar- so berichteten die Medien seinerzeit - Rosinen geregnet haben. Der Begriff „Rosinenbomber“ war geboren. Das hatten die meisten Berliner ebenso wie

---

4 S. „Wikipedia“, Berlin-Blockade, Blockade West-Berlins durch die Sowjetunion (1948 .1949), < Zugriff 27. Juni 2023 > (Eine „Blockade“ hatten zuvor im 2. Weltkrieg übrigens die deutschen Nationalsozialisten gegen das damalige Leningrad verhängt.)

die viel besprochenen „Carepakete“ in Wirklichkeit persönlich jedoch nicht erlebt.

Der starke Widerstand der Westberliner Bevölkerung unter dem Oberbürgermeister Ernst Reuter und die vom amerikanischen General Clay organisierte „Luftbrücke“ ließen die „Blockade“ scheitern.

Eine „Insel der Freiheit im roten Meer“ - Westberlin - war entstanden!

10. Die Schnabels

Die Schnabels - Charlotte und Friedrich - gingen ab und zu in die „Deutsche Oper Berlin“ oder ins „Schillertheater“-, das einmal das beste deutschsprachige Theater gewesen sein soll. Beide Spielstätten lagen in Berlin-Charlottenburg. In der „Philharmonie“ in Berlin-Tiergarten hatten sie ein Abonnement bei den Konzerten der „Berliner Philharmoniker“, das sie für das beste Orchester der Welt hielten. Dirigenten wie Karl Böhm, Herbert von Karajan oder Claudio Abbado hatten sie dort begeistert.

Weniger großartig als die Kultur fanden die Schnabels die Sportszene ihrer Stadt. Sechs-Tage-Rennen und Schlittschuhclub mochten noch hingehen, aber der Fußballclub „Hertha BSC“ war ihnen der Horror. Einmal hatte sich Friedrich zu einem Liga-Spiel im alten „Olympiastadion“ in Charlottenburg begeben. „Hertha“ verlor das Spiel, und Schnabel fand das peinlich. Er ließ sich seitdem in der großen und ungemütlichen Arena nie wieder sehen.

Die Schnabels wohnten am westlichen Stadtrand von Berlin in einem dörflichen Ortsteil namens Kladow. Der war Teil des britischen Sektors und gehörte zum Bezirk Berlin-Spandau. In Kladow hatten sie ein Häuschen und einen kleinen Garten.

Ab 1948 wurden die Schnabels durch ihren Wohnort und ihre favorisierten Veranstaltungsplätze allmählich zu eingefleischten Westberlinern.

Neben ihrem Garten und den erwähnten Veranstaltungen war ihnen das Reisen wichtig. Schnabel war Hochschullehrer an der „Freien Universität“ in Berlin-Dahlem. Einmal sagte ein einst aus „Westdeutschland“ berufener Kollege zu ihm: „Ihr Berliner seid komisch. Ihr redet immer nur vom Reisen. Entweder von einer gerade vergangenen oder schon von der nächsten!“

„Ja, wenn man eingemauert ist…“, kam dann die Antwort.

11. Mitnahme

Für manch einen Westberliner hatte der Mauerbau 1961 und damit die klare Abgrenzung der Halbstadt vom Umland auch etwas Gutes: Einer der Studenten Schnabels - Malte Lehmbruch aus Berlin-Reinickendorf - hatte 1960 geplant, ab dem Wintersemester 1961/62 den Studienort zu wechseln. Er wollte für zwei Semester nach Hamburg gehen. So hatten es ihm schließlich seine akademischen Lehrer geraten. Zu einem Studium gehörte eben auch Mobilität zwischen den Lehranstalten. Die Wahl des anderen Studienortes fiel auf Hamburg, weil dort seine Freundin Silke Tannenberg - die er von der Schule her kannte - am „Pädagogischen Institut" der Universität „auf Lehramt" studierte. Ihr Hauptfach war Mathematik - nicht gerade Lehmbruchs größte Stärke.

So fuhr Lehmbruch mit dem „Interzonenzug" vom Bahnhof „Berlin Zoologischer Garten" ab und kam fahrplangemäß im Hamburger „Hauptbahnhof" an. In Lauenburg war er unterwegs wie die anderen Zuggäste auch von Schwestern des „Roten Kreuzes" begrüßt worden, denn er kam aus dem „Osten" und reiste in ein Land der „Freiheit".

Die Schwestern kredenzten warmen Bohnenkaffee, den Lehmbruch gerne annahm.

In Hamburg fuhr Lehmbruch mit der hanseatischen S-Bahn nach „Hamburg Groß-Flottbek". Im dortigen Studentenwohnheim hatte er eine „Bude" reserviert. Westdeutsche Studenten durften da nicht hinein, denn das Heim war für Ausländer reserviert. Er als Berliner zählte zu denen- schließlich kam er aus dem „Osten"!

Wie alle Bewohner des Heims wurde Lehmbruch sofort zum Telefondienst des Heims eingeteilt. Für ein paar Stunden saß er in einer Telefonzentrale und stellte hereinkommende Gespräche an Kommilitonen durch, indem er das Gespräch in die „Buchse" der Adressaten „stöpselte". Er war so etwas wie das damals legendäre „Fräulein vom Amt" und hatte Spaß an diesem Job. Im Studentenwohnheim „Christopherus" rief schließlich die halbe Welt an.

Da kam eine Überraschung aus Berlin: Politiker hatten in ihrer Hilflosigkeit angesichts des Mauerbaus beschlossen, dass Berliner Studenten, die für westdeutsche Kommilitonen Studienplätze an Berliner Universitäten freimachten und ihren Studienort in den „Westen“ verlegten, für diesen Ortswechsel mit 800,- DM zu belohnen seien. Damit sollten junge Menschen aus der Bundesrepublik nach Berlin gelockt werden, denn die würden die freiwerdenden Studienplätze einnehmen. Das war die Hoffnung

Ob dieser Plan funktioniert hatte, sei dahingestellt. Aber der stud. jur. Lehmbruch hatte als Mitnahmeeffekt plötzlich 800,- DM mehr auf seinem Konto. Diese Summe stand ihm frei zur Verfügung.

Mit seiner Freundin Silke fuhr er per S-Bahn nach Hamburg-Altona. Dort betraten sie ein Kaufhaus und erfreuten sich der vielfältigen Angebote, die nunmehr erschwingbar waren. Nach langem Suchen und Staunen entschied sich das Pärchen für den Erwerb einer Flasche „Beaujolais“. Der Rest würde sich finden.

Im Studentenheim holte Lehmbruch zwei Gläser hervor, und die Beiden prosteten sich zu – zum ersten Mal im Leben mit Rotwein aus Frankreich. So hatte der Mauerbau bewirkt, dass ein „Berliner Junge“ und seine Freundin schon früh einen Weg zum französischen Rotwein gefunden hatten.

Lehmbruch jedenfalls fand es erträglich, Westberliner zu sein.

12. Eiserner Vorhang

Die Spree, über die hinweg die Weidendamer Brücke geschlagen war, hielt sich nicht an die Politik der Spaltung der Welt, sondern an die alte Geografie. Und so floss sie aus der Hauptstadt der „DDR" heraus weiter nach Westen bis nach Berlin-Spandau, wo sie in die Havel mündete und sich mit der vermischte. Von dort aus ging es nach Südwesten, und das Gewässer erreichte bald Potsdam, das ebenso wie Berlin-Mitte voll preußischer Geschichte war.

Auf dem Wege durch Spandau, den westlichsten Bezirk Berlins in den „Osten" nach Potsdam passiert die Havel Kladow, das nach 1945 im „Westen" hart an der Grenze zur „DDR" lag. Aus beiden Himmelsrichtungen kommende Lastschiffe wurden hier kontrolliert – „gefilzt", wie es im Volksmund hieß. Südlich von Kladow am Ufer des Flusses lag die altpreußische „Heilandskirche", die durch den Bau der Mauer auch in dieser Landschaft von der „Grenzpolizei" der „DDR" ins Niemandsland verdrängt worden war. Weiter westlich davon waren sowjetische Soldaten, die in einst preußischen Kasernen stationiert waren. Mit Reisigbesen mussten die Sowjets deutsche Straßen fegen. Abends in ihrer Freizeit saßen diese Soldaten aus dem Osten am Flussufer und lauschten Mundharmonika-Klängen, die sie an die Heimat erinnerten.

Solche Szenen spielten sich in Potsdam in der „DDR" ab, während weiter östlich im zu Westberlin gehörenden Kladow Friedrich Schnabel sein Häuschen mit Garten pflegte. Dort besprengte er seinen Rasen, begoss Blumen und Sträucher. Wo er wohnte, hatte es einst ein Obstfeld gegeben, ähnlich wie weiterhin im westlich gelegenen Werder an der Havel. In Schnabels Garten standen seither große Pflaumenbäume. Sie hatten alles überlebt.

Früher war das hier Militärübungsgelände der Soldaten des Preußischen Königs Friedrich II., den manche „der Große" nennen. Der hatte von 1712 bis 1786 gelebt, war in Berlin geboren und in Potsdam gestorben. Noch zu Schnabels Zeiten hatte es in Berlin-

Kladow Straßen gegeben, die trugen militärische Bezeichnungen wie „Auf der Schanze“ oder „Grüner Wall“. Seltsamerweise war noch niemand auf die Idee gekommen, diesen andere – „waffenlose“ – Namen zu geben...

Schnabel war verheiratet mit der Logopädin Charlotte Schnabel. Die beiden hatten zwei Kinder, einen Sohn und eine Tochter. Der Sohn arbeitete als Rechtsanwalt in einer Sozietät; die Tochter als freiberufliche Kunstpädagogin. Beide „Kinder“ wohnten nicht mehr bei den Eltern.

Friedrich war Angehöriger der Juristischen Fakultät der „Freien Universität“. Er hatte eine C3-Professur für Wirtschaftsrecht und war Beamter. In den Semesterzeiten musste er unterrichten und prüfen. Als Professor veranstaltete er Übungen, Seminare und Vorlesungen. Am Prüfungsamt galt er als eine Art Staatsperson, denn er entschied mit über die Karrieren von jungen Verwaltungsjuristen und sogar von Richtern. All das geschah östlich von Kladow, mehr in der Mitte Westberlins.

Ehefrau Charlotte fuhr täglich per Fahrrad eine kurze Strecke ostwärts von ihrer grünumrankten Behausung ins Krankenhaus, wo sie Patienten aus ganz Westberlin half, sich deutlicher zu artikulieren. Dort kaufte sie übrigens in ihrer Freizeit regelmäßig in einer Absatzstelle das in einer Bäckerei in Berlin-Wilmersdorf (östlich von Kladow gelegen) hergestellte Bio-Brot. Der Meister dort pflegte zu schimpften: „In Ostberlin haben die Kollegen das Bäckerhandwerk verlernt!“

Die Juristerei hatte Friedrich anfänglich noch in der im Herzen Ostberlins gelegenen „Humboldt-Universität“, der altehrwürdigen „Friedrich-Wilhelms-Universität“ an der Prachtallee „Unter den Linden“, erlernt. Als Bürger des formal noch geeinten Berlins hatte er keine Probleme damit. Dann zog er mit „Sack und Pack“ – also Professoren, Assistenten und Studenten weit in den Westen Berlins nach Dahlem, und sie gründeten die „Freie Universität Berlin“ („FU“). Dort setzte er sein Studium fort. Trotz des informellen Hausberufungsverbots blieb Schnabel in der „FU“ kleben. Im

Umland, also in der sowjetisch besetzten Zone („SBZ") - später „DDR" - wollten sie ihn nicht haben, und er wäre da wohl auch nicht hingegangen. Im „Westen" - also in Westdeutschland - mochte er auch nicht leben. So blieb Friedrich Westberliner.

Seine Welt war nun eingemauert, was einerseits beklemmend war, andererseits bequem, denn spätestens in einer halben Stunde erreichte er jeden Platz, den er zum Leben brauchte. Wurde es ihm zu eng, machte er sich auf die Reise

- entweder in die hauptsächlich im Westen gelegene „DDR"
- oder durch den „Korridor" mit einer der drei alliierten Gesellschaften fliegend
- oder PKW fahrend, die vom „Osten" als „Transitstrecken" vorgeschriebenen Straßen nutzend.

Ging es fort von Deutschland, konnte er - manchmal mit Zwischenstopp in Frankfurt am Main - bis nach New York, Moskau, Tokio, Kapstadt oder wohin immer fliegen.

Kontakt mit den ostdeutschen „Brüdern und Schwestern" konnte Schnabel auch halten. Zu den Verwandten in Ostberlin fuhr er mit einem „Passierschein" in der Tasche über einen der festgesetzten „Grenzübergänge". Die in Brandenburg oder Sachsen Wohnenden besuchte er mit einem „Tagesvisum". Selbst an östliche Fachliteratur kam Friedrich heran, wenn er mit der S-Bahn - ausgestattet mit Visum und Ostgeld - Richtung Osten zum „Alexanderplatz" fuhr. Dort wurden für wenig Geld die in blau gebundenen „Grundrisse der Kritik der Politischen Ökonomie" auf 1102 Seiten von Karl Marx[5] oder gleich X Bände aller Schriften von Marx und Friedrich Engels verkauft. Wer später in der „FU" darin las, wurde verspottet: Er - oder sie - hätte sich „blaugelesen".

Auch dem Vergnügen dienender Tourismus in der „DDR" war mit einem Visum möglich.

---

5 Karl Marx, Grundrisse der Kritik der Politischen Ökonomie, (Rohentwurf 1850-1858), Anhang 1850 - 1859, Berlin 1953

Vom politischen „Westen“ Deutschlands aus hatte der „Eiserne Vorhang“ manches Löchlein. Doch vom „Osten“ her blieb er verrammelt, und viele Ostdeutsche riskierten mit einer „Flucht in den Westen“ das Leben. Wer allerdings das 65. Lebensjahr erreicht hatte, war frei – für West und Ost. Die „DDR“ hatte keinen Bedarf mehr…

Gewiss: Ein „Vorhang“ war da schon aufgezogen worden zwischen „Ost“ und „West“, aber „eisern“ war der nur in eine Richtung „Westen“.

Schnabel hatte Glück: Für ihn gab es Schlupflöcher.

13. Grenzerfahrungen

Die Mauer rund um Westberlin war die „Grenze". Dahinter war die „DDR". Die nannte diese Linie „Staatsgrenze". Wer als Westberliner per Auto in die westliche Bundesrepublik wollte, musste durch die „DDR" - den politischen „Osten" also - fahren und durfte in Lauenburg, Helmstedt oder Hof in „Westdeutschland einreisen", wie der korrekte „DDR"-Jargon lautete.

Der Wechsel zwischen den Staaten „DDR" und „BRD" erfolgte mittels „Grenzkontrolle", und da spielten sich oft ulkige Dialoge zwischen den Grenzern der „DDR" und den „Reisenden" aus dem „Westen" ab. Manchmal bestritten die „Grenzer" die „Unterhaltung" auch allein.

Das hörte sich so an:

Grenzer: „Haben Sie das Verkehrszeichen dort nicht gesehen?" - Reisender: „Nein!" - Grenzer: „Da ist ein Zollzeichen drauf: Das bedeutet 'Halt', und das gilt auch für Sie!"

Grenzer: „Sie sind 'Dogda'? Was verdient man denn da bei Ihnen?"

Grenzer: „Heben Sie 'mal die Fußmatte hoch!" - Reisender: „Da geht doch kein Dackel runter!"

Grenzer: „Sie können hier doch nicht einfach hin und herfahren! Das ist eine Staatsgrenze! Sie sind hier doch nicht bei 'Hertie'."

Grenzer: „Was ist denn das?" - Reisender: „Oh: Wahlkampfmaterial..." - Grenzer: „Wird formlos eingezogen!"

Grenzer: „Sie müssen zahlen!" - Reisender: „In Ostgeld?" - Grenzer: „Nee: In Westgeld. Das haben Ihre Regierung und unsere Regierung so beschlossen!"

Grenzer: „Machen Sie ´mal Ihr Ohr frei!" - Reisender: „Wieso? Sind Sie Arzt?" - Grenzer daraufhin strafend: „Fahren Sie sofort da in die Baracke zur Spezialkontrolle!"

Diese „Kontrolle" dauerte vier Stunden!

Grenzer: „In der 'DDR' dürfen Sie nur 100 fahren!" - Reisender: „Warum?" - Grenzer: „Wegen der Schlaglöcher!"

Derartiges spielte sich bei jeder Fahrt zwei Mal ab: Bei der „Ausreise“ aus Westberlin zum ersten Mal und bei „Einreise in die BRD“ erneut.

Und fast immer kam der Befehl: „Öffnen Sie bitte die Kofferhaube!“

Für Technikmuffel war das der blanke Horror.

14. Die bequeme Mauer

Westberlin war – wie schon angedeutet – nicht nur unbequem. Mit dem PKW konnte man jeden Punkt in einer halben Stunde erreichen. Dann landete man wieder an jener Mauer, die die Halbstadt wie ein riesiger Ring umfasste. Diese Mauer durchzog – umrahmt von einem „Todesstreifen" – wilde Natur, stieß hin und wieder auf weltberühmte Wahrzeichen wie das „Brandenburger Tor" oder die „Glienicker Brücke", durchschnitt an anderer Stelle Häuserzeilen, schlängelte sich hier und da durch innerstädtisches Brachland, hielt ab und an gutbewachte Törchen in andere Welten bereit.

Das „fit out" dieser Mauer war überall gleich: Uniformierte mit Waffen und Ferngläsern gehörten dazu, ebenso Kettenhunde, grün-grau gestrichene Militärautos, Wachtürme mit Schieß- und Aussichtscharten – Tristesse eben.

Immer wieder tauchte sie auf, diese Mauer – in welche Himmelsrichtung man auch fuhr. Innerhalb dieses Riesenringes gab es bekannte Orte Westberlins: das „Schöneberger Rathaus" mit dem einstigen „Rudolph-Wilde-Platz" davor, den „Sportpalast" und das „Olympiastadion", die „Siegessäule", das „Sowjetische Ehrenmal", den „Reichstag", den „Kurfürstendamm", das „KaDeWe", das „Schloss Charlottenburg, die „Pfaueninsel", die „Zitadelle Spandau", den „Flughafen Tempelhof, die „AVUS" und, und.

In dreißig Minuten war man da. Wer das Auto verschmähte, nahm sich etwas mehr Zeit und nutzte die „Öffentlichen". U- und S-Bahn fuhren oft und in alle Richtungen. Wo es die nicht gab, verkehrten die „Großen Gelben" – Busse, und sogar Fähren schipperten hin und her, beispielsweise am „Wannsee" vorbei.

Eigentlich war Westberlin ziemlich bequem. Überall kam man hin, nur eben nicht so leicht nach Potsdam, Teltow, Oranienburg oder Falkensee. Andererseits: Die Allee „Unter den Linden", das „Rote Rathaus" oder der „Alexanderplatz" in Ostberlin waren für manche Westberliner tabu. Denn es soll einige gegeben haben, die hatten ihre eingemauerte Welt niemals verlassen und umgekehrt Ostberliner, die hätten „den Westen" freiwillig nie betreten.

Eingemauert oder ausgesperrt zu sein, war für diese Menschen offenbar normal.

15. Bundestagswahlen

Spannend wurde es immer in Westberlin, wenn Bundestagswahlen waren. Mitwählen durften die Berliner nicht. Das Berliner Abgeordnetenhaus schickte dennoch nach jeder Wahl Abgeordnete in den Bundestag. Diese hatten dort zwar kein Stimmrecht und wurden bei Abstimmungen separat gezählt, verfügten ansonsten aber über alle Privilegien und Rechte deutscher Bundestagsabgeordneter. Auch bei der Wahl des Bundeskanzlers zählten ihre Stimmen nicht mit. Und so rechnete mancher hinterher: „Ja, wenn man die Berliner Stimmen mitgezählt hätte…“ Einer der gescheiterten Kanzlerkandidaten der SPD hätte dazu sicherlich gesagt: „Hätte, hätte: Fahrradkette!“

Die Westberliner Abgeordneten aller Parteien waren eine Truppe für sich. Wenn am Rhein Sitzungen waren, traf man sie wie eine Fußballmannschaft auf Reisen in aller Herrgottsfrühe am Flughafen Tegel. Sie jetteten nach Köln/Bonn, ließen sich dort mit Dienstwagen der Berlin-Vertretung in Bonn in die „provisorische Hauptstadt“ chauffieren und tauchten ein in das Parlamentsgeschehen. Waren die Sitzungen vorbei, flogen sie wieder heim Richtung Osten nach Westberlin.

Einen Weg allerdings gab es, aus Berlin mittels Wahlen direkt Einfluss auf die Bundespolitik zu nehmen: Man konnte bei einem Freund oder Verwandten in Westdeutschland einen „Zweiten Wohnsitz“ anmelden und war damit berechtigt, an Bundestagswahlen als „Bundesbürger“ teilzunehmen. Diesen Weg gingen die Schnabels. Als „Zweiten Wohnsitz“ wählten sie eine Adresse in Hamburg. Jedoch: Der wirklichen Bewohner dort bekam auch für die nur pro forma bei ihm gemeldeten Berliner eine Sperrmüllrechnung, und deren Betrag schien doch zu hoch zu sein fürs Wahlrecht.

Besser als Westberliner hatten es da die Rentner aus der „DDR“. Sie galten auch im Westen als Deutsche und verfügten somit über das Recht, an der Politik der Bundesrepublik zu partizipieren.

Das Alter machte sie gesamtdeutsch.

16. Idyll

Am Südwestzipfel Berlins zu wohnen, hatte seine Eigenheiten: Vom Hafen in Kladow über die Havel mit dem „BVG"-Dampfer zu fahren, war ein eigenes Vergnügen. Man sah die „Pfaueninsel" etwas südöstlich der Fahrroute, nördlich „Schwanenwerder", wo angeblich Friedel Springer und ein ehemaliger Polizeipräsident ihre Domizile hatten, man sah den „Grunewaldturm", der früher „Kaiser-Wilhelm-Turm" genannt wurde und das „Strandbad Wannsee", das einst durch den Schlager „Pack die Badehose ein" berühmt wurde. Am Ende der Schiffspassage über den See konnte man sich in die S-Bahn setzten und nach Ostberlin zum Bahnhof „Friedrichstraße" fahren.

Aber Vorsicht! Südlich der Pfaueninsel - also weiter im Westen - war Schluss. Da lag Potsdam. Zwischen Wannsee und Potsdam verlief - im „DDR"-Verständnis - eine „Staatsgrenze", und dort gabs nichts zu Spaßen.

Wer aber im „Dorf" Kladow blieb, konnte von der nahen Grenze her Panzerrasseln in den Diensten der sowjetischen „Freunde" hören und durfte auch im Schrebergarten bei „günstigem" Windstand schlechte, nach Braunkohle und Chemie riechende Luft einatmen. Die kam von Westen her aus dem „Osten" hereingeweht. Auch das unentwegte Bellen der die Grenze bewachenden Kettenhunde war zu hören.

Südlich des Dorfes liegt der „Glienicker See", dessen eine Hälfte „Westen" und andere „Osten" - also „DDR" - war. Entlang der Mittellinie dieses Sees patrouillierten Boote des „DDR"-Grenzschutzes. Vom mit drei Badestellen versehenen „Westufer" aus konnte man in der warmen Jahreszeit bis zur Mitte des Gewässers schwimmen; am „Ostufer" dagegen tat sich nichts.

Ein Landweg in die anderen Teile Berlins führte entlang einer sich „Potsdamer Chaussee" nennenden Bundesstraße, auf der man - in Berlin ausnahmsweise - 70 km/h fahren dufte. Diese Straße war ebenfalls als „Staatsgrenze" erkennbar, denn durch ein Wäldchen schlängelte sich daneben eine Mauer, auf deren Wachtürmen mit Schusswaffen ausgestatte Uniformierte den Verkehr am Rande der Stadt mit ihren Ferngläsern beobachteten. Dazwischen liefen und kläfften die festgeketteten Schäferhunde, welche die „Bürger der 'DDR'" von einer Flucht nach Westberlin und die Westberliner vom unerlaubten „Grenzübertritt" in die „DDR" abhalten sollten.

Autofahrer im Westberlin konnten sich aber selbst von Kladow kommend verlassen: In spätestens 30 Minuten hatten sie ihr Ziel erreicht, wenn sie in ihrer Stadthälfte - den „westlichen Vororten von Berlin" wie der „DDR"-Propagandist Karl-Eduard von Schnitzler einst gesagt hatte - blieben.

So erreichte auch Prof. Schnabel per PKW seinen Arbeitsplatz, die „FU" in Berlin-Dahlem, in einer halben Stunde. Bevor er sein Büro betrat, besuchte er das Vorzimmer des Lehrstuhls von nebenan, denn da saß eine junge Sekretärin am Schreibtisch, mit der er gut flaxen konnte und die ihm gerne Hintergrundinfos aus dem Unibetrieb zutrug, was er gut gebrauchen konnte: Manchmal staunten seine Kollegen, wenn er in einer ihrer vielen Konferenzen sein Wissen über informelle Details der Lehranstalt andeutete. Woher er dieses Wissen hatte, verriet er aber nicht. Das Verhältnis zwischen der Sekretärin und dem Professor stabilisierte sich dadurch.

Eines Tages lud Schnabel Frau Selbitz - so hieß die Dame - zu sich nach Hause zu einer Gartenparty ein. Tief aus dem Osten Westberlins reiste Frau Selbitz also an den Westrand der Halbstadt nach Kladow und wurde von Ehefrau Charlotte und Friedrich, den hier übrigens alle „Fritz" nannten, neben vielen anderen Gästen auf der Terrasse ihres Hauses herzlich begrüßt. Die Party mit Grill, Bier, Wein und Wasser nahm ihren Lauf, und in der folgenden Zeit erfuhr der Professor noch mehr aus dem Flurfunk seiner Lehranstalt. Der Respekt der Kollegen wuchs.

Prof. Schnabel avancierte dort zum perfekten Kenner vieler informeller Informationen Als die Kollegen eines Tages unzufrieden wurden mit ihrem amtierenden Dekan, weil der permanent seinen eigenen Lehrstuhl aufpäppelte, andere aber vernachlässigte, kam in einer Sitzung der Kollegen - einem „Professorium" - die Idee auf, den amtierenden Dekan durch Schnabel zu ersetzen. Als eine neue Amtszeit begann, wurde aus dieser Idee Wirklichkeit.

Schnabel war nun nicht nur Dekan seiner Fakultät, sondern auch stimmberechtigtes Mitglied des „Akademischen Senats" der Universität. Allerdings musste er ein weiteres Büro – das der „Akademischen Selbstverwaltung" nämlich – beziehen. Um sein gewohntes Pläuschchen mit Frau Selbitz halten zu können, ging er daraufhin jeden Tag an der Universität einen kleinen Umweg, bevor er sein Dekanatsbüro aufsuchte: Er schlenderte zu seinem eigenen „alten" Lehrstuhl in der Absicht, ins Vorzimmer des benachbarten Kollegen hereinzuschauen und mit Frau Selbitz ein wenig zu klönen. Aber jetzt plauderte nicht nur sie aus dem Nähkästchen; auch Schnabel lieferte manche Anekdote aus dem „Maschinenraum" der Akademischen Selbstverwaltung. So wurde die Beziehung zwischen beiden gefestigt.

Der professorale „Inhaber" des benachbarten Lehrstuhls und direkte Vorgesetzte von Frau Selbitz hatte die regelmäßigen Visiten in seinem Vorzimmer bemerkt, schritt aber nicht dagegen ein, denn Frau Selbitz steckte auch ihm manche informelle Information zu, sodass er im Kreise der Kollegen ein wenig glänzen konnte.

Zwischenmenschliches spielte eben selbst in renommierten Westberliner Institutionen eine Rolle.

17. Seminarraum S 3

Informell oder Büroklatsch hin oder her: Nach seinen Besuchen in des Nachbarn Vorzimmer betrat Schnabel stets pünktlich 15 Minuten nach der vollen Stunde den Seminarraum „S 3". Da saßen seine Studenten. Die waren zumeist mit der U-Bahn aus dem stark bewohnten Osten Westberlins angereist. Entweder hatten sie da ihre „Bude", ihr Heim, oder sie kamen direkt von Mutter und Vater in der heimischen Wohnung angereist. Die aus den Buden oder den Heimen kamen von weit her im Westen Deutschlands; die Mehrzahl der anderen waren „Einheimische".

Es gab auch einige wenige Kommilitonen, die - wie auch immer - aus der „DDR" gekommen waren: Sie gehörten zu den wenigen erkennbaren „Ossis" oder „Zonis" an der FU. Einer von ihnen war übrigens Rudi Dutschke. Der studierte allerdings an einer anderen Fakultät.

Etwa zwei Drittel der männlichen „Studies" jedoch waren aus Bayern, Niedersachsen, Hessen und anderen Gegenden Westdeutschlands in den Osten nach Dahlem gekommen, um daheim der Wehrpflicht bei der „Bundeswehr" zu entgehen. Denn nach deutscher Sicht gehörte Westberlin zwar zur Bundesrepublik, nicht jedoch nach amerikanischem, britischem oder französischem Verständnis. Die drei westalliierten Länder Amerika, Großbritannien und Frankreich wollten keine Bundeswehr in Berlin und hatten als dortige Souveräne angeordnet, dass die damalige Wehrpflicht an der Spree nicht galt. So immatrikulierten sich viele Jungakademiker aus Köln, Hamburg, Hannover, Stuttgart, München und anderen Städten Westdeutschlands an der FU in Berlin, denn dort konnten sie unbehelligt vom „Barras" studieren. Auch an der anderen Westberliner Universität - der „TU" („Technische Universität") - war das möglich.

Bei Vorlesungen an der „FU" holten die Hörer ihre Kladden zum Mitschreiben hervor. Diese wurden später durch Laptops abgelöst. Das Ritual verlief so: Der Professor betrat den Raum, die Kommilitonen klopften zur Begrüßung auf die klappbaren

Tischchen vor ihnen; dieser Applaus erstarb schlagartig. Ohne Wiederholungen oder irgendwelche Hinweise setzte der Professor seine Vorlesung genau hinter der Stelle fort, an der er beim letzten Mal geendet hatte. Nach neunzig Minuten war die Zeit um, und der Professor verließ unter abermaligem Geklopfe der Studenten den Raum. Hatte er den Saal verlassen, endete der Applaus sofort, und die Tischchen klappten, denn die Hörer stürmten entweder zu nächsten Veranstaltungen, zum Speisen in die „Mensa", zur Freizeit auf dem „Campus" oder nach Hause.

Auf dem Weg in sein Büro schaute Schnabel noch bei Frau Selbitz vorbei, schnackte mit ihr unprofessorenhaft fünf Minütchen zwischendurch und hielt danach seine wöchentliche Sprechstunde ab.

Diese suchten vor allem Studenten auf. Wie beim Arzt standen sie vor der Tür des Büros und wurden einer nach dem anderen „abgefertigt". An diesem Tag kam zuerst einer, der wollte eine Arbeit für Schnabels Seminar schreiben und stellte dafür Thema und Gliederung vor. Schnabel empfahl ihm zusätzliche Literatur und akzeptierte ansonsten das Begehren des Jungakademikers.

Dem Professor fiel der Rucksack des Studierenden auf, denn da ragten große grüne Blätter heraus. Wozu die denn wären, wollte der akademische Lehrer am Ende des Fachgesprächs wissen. „Ach, die sind für meine Karnickel. Die mögen so frisches Grünfutter." – „Und das bringen Sie hierher in die Uni?" – „Na ja, wenn ich nach Hause komme, haben die Läden schon zu. Und da habe ich eben heute früh schnell eingekauft." – „Na dann bestellen sie ´mal Ihren Tieren einen schönen Gruß. Und: Guten Appetit!" – „Danke, richte ich aus!" – Das war ein Dialog in den „heiligen Hallen" der Universität.

Der Tierzüchter ging, und eine Kommilitonin betrat den Raum. Sie wirkte etwas verdruckst. Schließlich ihr Anliegen: „Ich wollte fragen, ob Sie noch Examensarbeiten annehmen." – „Ja, warum denn nicht: Ist doch mein Job." – „Es ist nur…Ich weiß ja nicht, wie alt Sie sind, und wenn die Arbeit fertig ist, und Sie sind nicht mehr im Dienst…" Die Dame konnte beruhigt werden.

Herein kam einer, der wollte den Termin seiner mündlichen Prüfung verschieben. „Ich bin doch im Westen, in Hannover, bei der Bundeswehr. Komme extra hierher angefahren. Aber mein Vorgesetzter ist völlig unentspannt und will mich nicht fahren lassen. Sie wollen doch sicher nicht, dass die Feldjäger hier auftauchen und mich aus der Prüfung zerren." - „Bundesdeutsche Feldjäger in der FU? Das geht doch gar nicht. Aber schön; verschieben wir Ihren Termin." - „Danke!" So clever war der Kandidat aus Hannover allerdings nicht, denn seine Leistungen waren später beim verschobenen Prüfungstermin eher mäßig.

Danach betrat ein junger Mann mit einer älteren Dame im Schlepptau das Zimmer des Professors. Der junge Mann sagte beim Eintreten. „Sie haben doch hoffentlich nichts dagegen. Ich habe meine Mutter mitgebracht. Wir haben keine Geheimnisse voreinander, und mein Studium interessiert sie sehr." - „Das ist ja fein! Bitte, gnädige Frau, treten Sie doch näher." Die Mutter lächelte triumphierend, und die Studienberatung zu Dritt begann.

Der nächste war ein Berliner Abgeordneter. Er klagte: „Die \`Bild´-Zeitung will meine Dissertation kaputtschießen. Die regen sich auf, weil ich Passagen einer Hamburger Prüfungsarbeit - die einst ein Parteikollege verfasst hatte - übernommen habe." - „Ja, haben Sie ordentlich zitiert mit Fußnoten und so?" - „Nö. Muss man das denn?" - „Aber sicher. Alles andere ist Plagiat und eine akademische Sünde." - „Dann werde ich das mal nachholen, sorry." - „Ich bitte drum!" - Der Abgeordnete verschwand auf Nimmerwiedersehen.

Die Sprechstunde ging munter weiter, und danach machte sich Prof. Schnabel auf den Heimweg. Er schaute noch kurz im Vorzimmer des Kollegen vorbei, setzte sich in sein Auto und fuhr nach Hause - Richtung Westen an den Stadtrand. Danach begann der „Osten".

Seiner Ehefrau berichtete der Dekan von den Vorkommnissen des Arbeitstages. Die war besonders amüsiert über das Erlebnis mit dem soldatischen Kommilitonen und malte sich in Gedanken aus, wie Feldjäger ihren Ehemann aus seinem Büro abführten und hinterher auch noch Frau Selbitz in Gewahr nahmen. – Dann aßen Schnabels. Danach schlüpfte der Herr Professor in seine Gartenklamotten und machte sich über die Eibenhecke her, die ihm schon lange zu üppig wucherte.

Frau Schnabel aber sinnierte: „Feldjäger in der Uni: Das geht in Westberlin doch leider nicht."

18. In den „Osten“

An einem Samstag (Berliner sagen: „Sonnabend“) fuhr das Ehepaar Schnabel nach Kyritz „im Osten“ - also auf der B5 Richtung Westen, um dort wohnende Verwandte zu besuchen. Für diese „Reise“ hatten sich die Beiden Passierscheine in einem in Westberlin residierenden Ostberliner Amt besorgt. Mit den Scheinen sowie weiteren Dokumenten ausgestattet ging es „in den Osten“. Sie fuhren in Richtung Berliner Grenze, und als die ersten Schlagbäume quer über die Fahrbahnen auftauchten, steuerten sie dorthin und setzten sich der Macht der „DDR-Grenzorgane“ aus. Uniformierte traten an ihr Auto heran, schauten prüfend in das Wageninnere, checkten den Kofferrau, blickten auch unter die geöffnete Motorhaube und kontrollierten mittels eines an einer Stange befestigten Spiegels den Wagenboden. Dann galt ihre Aufmerksamkeit den hergereichten Dokumenten, besonders den Passierscheinen, Ausweisen sowie dem „KfZ-Schein“. Die „Einreisenden“ selbst wurden ebenfalls skeptisch gemustert. Schließlich fragte der Uniformierte, ob des Schnabels „Waffen oder Munition“ mitführten. Nachdem die „Einreisenden“ sich mit den vorgeschriebenen „Zahlungsmitteln“ der „DDR“ eingedeckt hatten - die Westberliner nannten das „Zwangsumtausch von West- in Ostgeld“, reichte der Uniformierte die Dokumente dem Autofahrer, grüßte militärisch und schnarrte zackig: „Gute Fahrt!“ Ein weiterer Schlagbaum öffnete sich, und Schnabels „aus dem Westen“ reisten in den deutschen „Arbeiter- und Bauernstaat“ ein. Doch sie mussten vorsichtig fahren, denn

1. gab es viele Schlaglöcher,
2. war die Geschwindigkeit reduziert,
3. durfte man nicht von der vorgeschriebenen Strecke abweichen und
4. wurde alles von der „Volkspolizei“ („Vopo“) penibel kontrolliert. Oft tauchten „Vopos“ hinter einer Kurve oder aus einem Graben unvermutet auf und verlangten für ihre

vorgelegten Strafzettel Geld - „Westgeld“ natürlich. Ihr eigenes „Ostgeld“ akzeptierten sie nicht.

Bei den Besuchten handelte sich um einen Cousin von Schnabel und dessen angeheiratete Ehefrau. Beide waren Ärzte von Beruf. Sie - Ariane mit Vornamen - arbeitete in einer Polyklinik als Kinderärztin (sie sagte „Kinderarzt“); er - Malte - war Facharzt für Haut- und Geschlechtskrankheiten. Ihr Familienname war ebenfalls Schnabel.

Zunächst lieferten die West-Schnabels ihr Ostgeld aus dem „Zwangsumtausch“ ab, das sofort in einer Küchenschublade der Ost-Schnabels verschwand. Dann besuchten Charlotte und Friedrich Arianes Polyklinik und wunderten sich ob des geringen Patientenandranges. Von zu Hause („im Westen“) waren sie überfüllte Wartezimmer gewohnt; hier schien es sogar „beim Arzt“ gemütlich zu sein. Malte berichtete nach diesem Besuch, seine Patienten wären meist „Freunde“ - damit waren Soldaten der sowjetischen Armee gemeint. Das waren eben spezielle deutsch-sowjetische Kontakte in Kyritz…

Die Ost-Schnabels servierten den West-Schnabels ein Mittagessen. Es gab Rindsrouladen mit Rotkohl und Kartoffeln. Neugierig erwarteten Ariane und Malte eine Reaktion ihres „Westbesuchs“. Christine und Friedrich aßen friedlich vor sich hin und ließen es sich schmecken. Da sondierte Ariane, indem sie gespielt harmlos fragte: „Schmeckts?“ - „Ja.“, erwiderte Friedrich „wie bei Muttern.“ Er fand diesen Spruch originell hier im Familienkreis.

Doch Ariane offenbarte dazu eine kleine Geschichte: „War gar nicht so einfach, vier Rinderrouladen zu bekommen. Ich habe sie eine Woche vor Eurem Besuch bei der Verkäuferin bestellt und ihr dafür ein Westmedikament versprochen. Das habe ich ihr gestern gebracht. Die Gute griff daraufhin unter den Ladentisch und zauberte die vier Rouladen hervor.“ Charlotte erklärte, sie hätte auch Rotkohl ohne Rouladen gegessen, und Friedrich merkte an: „Jetzt weiß ich endlich, was `Bückware` ist. Ihr habt Euch viel Mühe gemacht: Vielen Dank!“ - Ariane hatte das Gefühl, über ein Abenteuer berichtet zu haben.

Nach dem Essen fuhren die Ost- und West-Schnabels im „Trabbi" genannten „Trabant"-Auto der Gastgeber in den Schrebergarten der beiden. Sie nannten ihn „Datsche". Sofort verfielen die Cousins aus den „beiden Deutschlands" in vermeintliche Fachgespräche über Erdbeeren, Kohlrabis, Salat, Dünger und Rasenmischungen: Die Gärten waren etwas, worüber die Verwandten aus „Ost" und „West" sich schnell verstehen konnten.

Kurz nach 18 Uhr machten sich Charlotte und Friedrich von Kyritz aus („'Kyritz an der Knatter', wie die Berliner sagen.", scherzte Friedrich zum Abschied.) auf den Weg zurück. Sie fuhren durch ihnen dem Namen nach bekannte Orte wie „Nauen", dachten beim Passieren von „Ribbeck" an den alten Fontane („Der von Ribbeck im Havelland..."), sahen die allenthalben prangenden Transparente zum Lobe der „SED"-Führung und der „DDR", achteten peinlichst auf Verkehrsregeln und Schlaglöcher, wichen keinen Millimeter von der vorgeschriebenen Route ab und kamen schließlich zu jenem Ort, der in der „DDR" „Staatsgrenze" und bei ihnen manchmal „Zonengrenze" genannt wurde. Endlich wieder daheim, hatten sie das Gefühl, wieder frei durchatmen zu können.

Sie waren im eigenen Lande geblieben. Doch ein Abenteuer lag hinter ihnen.

19. Hätte, hätte, Fahrradkette 2

„Hätte" es Westberlin nicht gegeben, „hätten" die Schnabels an einem Sonnabend spontan entschieden, dass sie einen Ausflug „auf's Land" machen würden, denn das Wetter lockte. „Wollen wir nicht nach Kyritz fahren?", fragte Friedrich. „Da können wir Ariane und Malte besuchen und in ihrer Laube ein wenig quatschen." - „Gute Idee.", erwiderte Charlotte, „musste aber jetzt anrufen - vielleicht haben die ja etwas vor." Friedrich rief in Kyritz an und vermeldete: „Alles klar! Sie freuen sich. Um vier sollen wir in der Laube sein." - „Gut, dann schmiere ich noch 'n paar Stullen, und wir nehmen die Thermoskanne mit." - „Okay."

Charlotte und Friedrich setzten sich bald in ihr Auto und fuhren los: Zuerst fuhren sie auf Nebenstraßen, dann ab Nauen die Landstraße entlang. Auf der Straße gab es viele Schlaglöcher, aber das störte sie nicht: Sie fuhren eben langsamer. In Ribbeck machten sie einen kleinen Zwischenstopp. Sie fuhren rechts von der Hauptstraße ab und besichtigten den berühmten Garten. Als sie einen Birnbaum erspähten und der Wind leicht auffrischte, war es, als flüsterte ihnen jemand ins Ohr: „Lütt' Dirn komm man röwer, ick gew' di'ne Birn."

Danach verzehrten sie ihr „Reiseproviant", und ab ging es wieder auf die Landstraße ohne weiteren Halt Richtung Kyritz. Direkt bis Kyritz fuhren sie nicht, denn die „Sparte" mit dem Kleingarten der Verwandten befand sich vor diesem Ort - etwas abseits. Sie verließen das Auto, streiften eingezäunte Sandwege entlang, und nach einigem Suchen erspähten sie die Laube von Ariane und Malte. Sie sahen davor ein gedecktes Tischlein und entdeckten vier Gartenstühle.

Mit einem lauten „Hallo, da sind wir!" öffneten Charlotte und Friedrich das Törchen des gefundenen Gartens, und aus der Laube heraus traten Ariane und Malte. Sie umarmten und küssten sich auf die Wangen. Die „Kyritzer" baten die Besucher aus Berlin nach einigem Hin und Her schließlich, Platz zu nehmen. „Sucht Euch die besten Plätze aus." Ariane flitzte in die Laube, holte viermal

Kuchengeschirr heraus, stellte auch Kaffee, Milch und Zucker hin und präsentierte schließlich einen Pflaumenkuchen sowie ein Brettchen mit Bienenstich. Dann trat Malte brachte aus der Laube heraus und brachte ein Schüsselchen mit Schlagsahne.

Die Vier nahmen Platz, und als erstes wurde der abwesende Teil der gesamtdeutschen Verwandtschaft durchgehechelt. Sie amüsierten sich über angebliche Marotten einer Tante in München, bedauerten das Heimschicksal eines Cousins auf der Insel Rügen, lästerten über die plötzlich ausgebrochene Frömmigkeit eines Schwagers in Reutlingen und rätselten über den Verbleib einer Cousine in Berlin. Sie gedachten der Kranken und Toten. Der junge Mann in Köln - „irgendwie ein Neffe" - wurde bedauert, weil er rechtsradikal geworden und „aktiensüchtig" sein soll: „In Berlin wäre er besser aufgehoben. Wir haben da so'n Programm gegen Rechtsradikalität in der Charité.", dozierte Charlotte. Fritz - also Friedrich - erinnerte an den „alten Schnabel". Der hatte in Schlesien gelebt, war Sargtischler und habe einen Hund gehabt, der „Treu" hieß. „Hätte der das mit den Nazis und den zwei Staaten erlebt - er hätte es nicht geglaubt. 'Kaiser', 'Volk' und Vaterland': Das waren die Säulen seines Politikverständnisses. Das war ganz normal damals." - Dann zogen alle über die Politik her. Sie machten sich über „die alten Knacker in unserer Berliner Regierung" lustig und spotteten über die Sozialdemokraten in Bonn, die weder Ein noch Aus wüssten. „Wer hat uns verraten? Sozialdemokraten!", zitierte Malte halb im Spaß, halb im Ernst. „Aber diese Grünen sind doch auch furchtbar!", merkte Ariane an, und Malte ergänzte: „Lieber ein Haus im Grünen als einen Grünen im Haus!"

Unter solch munteren Reden hatten sie „Kaffee und Kuchen" hinter sich gebracht. Ariane räumte den Gartentisch ab, brachte das Geschirr in die Laube - wobei ihr die anderen halfen - schloss die Türen der „Bude" und des Gartens ab, und alle vier spazierten durch die „Sparte". Über Gartenzäune hinweg beäugten sie andere „Datschen". Ariane und Malte hielten dabei ab und zu ein kleines Schwätzchen mit Nachbarn, die den Berliner Gästen stets freundlich zunickten, nachdem sie von der „Kyritzer Verwandtschaft" als „Besuch aus dem Osten" vorgestellt worden waren.

Schließlich luden Ariane und Malte ihre Gäste zum Abendessen ein. Die Türen wurden wieder aufgeschlossen, der Tisch vor die Laube gestellt, und schon war die „Tafel" fertig. Es gab „Broiler", Brot und „Radeberger" Bier. Charlotte und Friedrich langten zu. „Lecker - so im Freien.", merkte Charlotte an und wandte sich Ariane - der Frau, die sich „Kinderarzt" nannte - zu: „Was ich schon immer wissen wollte, liebe Ariane: Wie machst Du´s eigentlich mit Kindern als Patienten; die können doch nicht präzise sagen, was ihnen fehlt?" - Die Angesprochene warf einen kecken Blick ihrem Malte zu und antwortete: „Ach weißt Du, Charlotte: Entweder man hat´s, oder man hat´s nicht..."

Der Abend kam, und die Schnabels aus Berlin zog es heimwärts. Da es ein schöner Abend war, fuhren sie nicht auf dem schnellsten Weg die Landstraße entlang, sondern bummelten gewissermaßen auf Nebenstrecken Richtung Heimat. Endlich überquerten sie die Havel, atmeten den ihr eigenen Geruch ein und waren bald am Ziel. Zuhause sagte Charlotte: „Es war doch ein schöner Tag heute."

So schön „hätte" es wirklich sein können, wäre Deutschland nicht „dreigeteilt" gewesen.

Hätte, hätte, Fahrradkette!

20. Aber so war es wirklich 2

Charlotte und Friedrich Schnabel aus Westberlin unternahmen eine Urlaubsreise ins Burgenland in Österreich. Sie fuhren mit der Bahn.

Diese Reise hatten sie lange vorbereitet. Schließlich ging es los: Sie fuhren mit der S-Bahn Richtung Osten zum Bahnhof „Friedrichstraße". Dort startete ein „Interzonenzug" nach Wien im Süden Berlins. Der Bahnsteig war streng bewacht. Da merkte das Paar aus Westberlin, dass die Großeltern Friedrichs, die in Nauen lebten, auf dem Bahnhof standen, um ihre Enkel zu sehen. Schnabels winkten ihnen aus dem abfahrenden Zug heftig zu. Jedoch der Bahnsteig und der Bahnhof wurden immer kleiner, und schon rollte der Zug auf freier Strecke seinem Ziel entgegen.

In Dresden hielt der Zug an, und ein paar Leute stiegen ein. Die nächste Haltestation war Prag, aber um dahin zu kommen, musste der Zug die „Staatgrenze" zwischen der „DDR" und der „CSSR" - der Tschechoslowakei - passieren. Vor dem „Grenzübertritt" erschienen uniformierte „DDR"-Bedienstete und verlangten „die Papiere". Die „Papiere" der Schnabels schienen in Ordnung gewesen zu sein, denn die Kontrolle ging schnell vorüber. Aber ihnen gegenüber hatte eine blonde junge Frau gesessen; die wurde ausführlich „gefilzt". Die „Dokumente" der Dame wurden von den Uniformierten intensiv gelesen, dann musste sie ihre Handtasche öffnen und den Inhalt präzise erklären. Nach etwa 30 Minuten verließen die Kontrolleure den Zug mit militärischen Grüßen. Die junge Frau räumte ihre Handtasche wieder ein, und über ihre Wangen rollten Tränen...

Bei der Ein- in die und später der Ausreise aus der Tschechoslowakei erschienen wieder Uniformierte in der Bahn. Aber die waren weniger penibel als die „DDRler", und bei der schließlichen Einreise in Österreich wirkten die „Grenzer" beinahe charmant.

Die blonde junge Frau war zuvor in Prag ausgestiegen. Charlotte sah ihr traurig nach...

Die Schnabels waren in Österreich. Dort sahen sie den „Neusiedler See", an dessen Ostufer das „sozialistische" Ungarn lag. Sie fuhren nicht hin und blieben lieber drei Wochen im – wie sie sagten – „Westen“, obwohl doch Österreich geografisch im Süden Berlins lag und politisch neutral war. „Westberlin“ steckte tief drinnen bei ihnen.

Nach drei Wochen ging es wieder in den Norden. Die letzte Station vor Westberlin war der Bahnhof „Friedrichstraße“. Sie fuhren ein, schauten aus dem Zugfenster, und da standen sie wieder, die Großeltern aus Nauen!

Wieder winkten sie mit ihren Taschentüchern, die Enkel winkten zurück. Es war das letzte Mal, dass Charlotte und Friedrich die Großeltern sahen. Sie setzten sich in die Berliner S-Bahn und fuhren geografisch nach Westen.

Ihr Ziel war Westberlin.

Die alten Großeltern fuhren mit einem altertümlichen Reisezug in die gleiche Richtung, hatten aber ein ferneres Ziel: Nauen in der „DDR“.

21. Karl

Friedrich hatte einen Bruder namens Karl. Der wohnte östlich von Kladow, in Berlin-Wilmersdorf. Das war immer noch Westberlin – sogar „mittendrin". Durch Wilmersdorf ging ein Stück des Ringes der Berliner S-Bahn, der die Innenstadt Berlins von den Randbezirken trennte. Ein in Ost und West gleichermaßen geltendes „Gebot" der Metropole lautete: Innerhalb des „Ringes" dürfe viel gebaut werden, außerhalb sollten Freiflächen für die Ansiedlung von vor allem „Kleingartenkolonien" erhalten bleiben.

In Wilmersdorf gab es einen Bahnhof auf der Ringstrecke, das war „Hohenzollerndamm". Tatsächlich trug dieser Bahnhof den Familiennamen des preußischen Königsgeschlechtes, obwohl die immer noch Gesamtberliner S-Bahn dem „Osten" gehörte. In Westberlin hieß sie deswegen auch „Spalterbahn", und eine Zeitlang hatte es dort zum guten Ton gehört, dieses innerstädtische Verkehrsmittel zu boykottieren.

Karl jedoch tangierte das nicht, denn er wohnte in einer Mitwohnung in der „Gieseler Straße". Da hatte er den „Fehrbelliner Platz" vor der Tür. Mit dem Namen „Fehrbellin" wusste er übrigens nichts anzufangen, obwohl der gleichnamige Ort nur wenige Kilometer von Berlin entfernt lag – jetzt allerdings in der ausgeblendeten „DDR". An diesem Platz gab es einen U-Bahnhof mit dem gleichen Namen. Da die U-Bahn in Westberlin zu den stadteigenen „Berliner Verkehrsbetrieben" („BVG") gehörte, konnte Karl bedenkenlos damit überall in Berlin hinfahren – auch nach Ostberlin, denn da gab es – unter „DDR"-Regie allerdings – ebenfalls eine „BVG", die neben U-Bahnen auch Straßenbahnen und Busse unterhielt.

Karl war Gastwirt von Beruf, und er lebte mit seiner Freundin Sabine zusammen. Beide unterhielten eine Kneipe in der „Uhlandstraße", die „Hase und Igel" hieß. Aber sein Lebensmittelpunkt war der politische Bezirk Wilmersdorf. Am Fehrbelliner Platz stand ein Gebäude, das nannte sich „Rathaus Wilmersdorf". Ja, Wilmersdorf hatte als Verwaltungsbezirk Berlins ein eigenes Rathaus, ebenso wie Reinickendorf, Schöneberg oder Charlottenburg und viele andere Bezirke. Auch Ostberlin hatte solche „Stadtbezirke".

Karl saß im Rathaus Wilmersdorf im Kommunalparlament, das sich „Bezirksverordnetenversammlung" („BVV") nannte und 45 Mitglieder zählte. Drei Parteien - die „Schwarzen", die „Roten" und die „Gelben" - hatten bei den allgemeinen Wahlen, die zugleich mit den Wahlen zum Landesparlament stattgefunden hatten, die „BVV"-Sitze erobert. Karl war bei den „Gelben" und ihrer Fraktion. Die „BVV" hatte ein fünfköpfiges „Bezirksamt" gewählt - eine Art Kommunalregierung mit einem Bürgermeister - der war „schwarz" - an der Spitze.

In dieser „BVV" fühlte sich Karl in seinem Element.

Viel Kleinkram gab es dort zu erledigen. Aber diesmal ging es - wenigstens in einem Punkt - auch um wahrhaft Großes: Wilmersdorf hatte - wie andere Bezirke Westberlins auch - seit einiger Zeit eine „Stadtautobahn". Diese zog Schneisen durch die Teilstadt, aber die Westberliner waren darauf stolz, denn sie lebten dadurch ebenso wie die Amerikaner aus Los Angelos in einer „autogerechten Stadt". Ganz Westberlin war überzeugt: Das mit der Stadtautobahn war modern, und so etwas gab es im „Osten" Berlins nicht!

Da kam aus dem Westen in Baden-Württemberg ein Investor. Der versprach, die Autobahn mit Wohnhäusern zu überbauen. Reine Zukunftsmusik war das, und viele wussten bereits: „Der Osten" würde Augen machen und neidisch sein. Ein Herr Heuber erschien als Beauftragter des Investors in Wilmersdorf, und alle Türen im Rathaus schienen ihm offen zu stehen. Herr Heuber ging beim Bürgermeister und den Fraktionen der „BVV" ein und aus. Er schien deren Politik zu bestimmen.

Doch die ersten Bezirksverordneten sahen plötzlich über der Autobahn ein Gespenst auftauchen - eine skeptische Bürgerinitiative![6] Diese setzte sich für eine Reduzierung der Geschossflächen von geplanten Häusern über der Autobahn ein und verlangte die

---

6 Näheres s. Jürgen Dittberner, Bürgerinitiative als partielles Partizipationsbegehren; in: Zeitschrift für Parlamentsfragen, Nr. 2/1973, S. 194

zusätzliche Existenz sozialer Einrichtungen wie einer Kindertagesstätte („Kita“) und eines Heimes.

Der Bezirk, das Land Berlin und der Bauunternehmer wurden angesprochen. Aber die „BVV“ hatte das Entscheidungsrecht. Bei Karl kam ein Anruf aus dem „Rathaus Schöneberg“ - dem „Regierungssitz“ Westberlins - an: „Wollt Ihr Euch nicht endlich ´mal entscheiden?“ - Im „Rathaus Wilmersdorf“ häuften sich die Besprechungen. Der Bauausschuss der „BVV“ entpuppte sich als Dreh- und Angelpunkt. Dort - wie zuvor in den Fraktionen - tauchten Vertreter der Bürgerinitiative auf und drängten den Investor, über die Reduzierung des Projektes „nachzudenken“. Dessen Beauftragter in Berlin-Wilmersdorf, Heuber, schien auch nach und nach dahin zu neigen.

Da stellte sich eine Fraktion hinter die Initiative, übernahm deren Forderungen. Von der Jugend- und Sozialverwaltung verlangte daraufhin der Bauausschuss Stellungsnahmen. Diese sprachen sich für eine zusätzliche „Kita“ im Bereich der geplanten Autobahnüberbauung aus und sahen Bedarf auch für ein Heim. Nun war die Mehrheit im Ausschuss da: Die Bezirksverordneten verabschiedeten eine Empfehlung an die BVV, das Überbauungsprojekt „in modifizierter Form - mit Kita, Heim und verringerter Geschossflächenzahl“ zu genehmigen. Karl als Ausschussvorsitzender durfte diese Empfehlung im „Plenum“ der BVV vortragen. Alle Fraktionen votierten mit „Ja“, und damit war die Autobahnüberbauung in Berlin-Wilmersdorf beschlossene Sache.

Die „Vorsteherin“ (Präsidentin) der BVV verkündete sogleich ex Kathedra stolz: „So etwas machen uns die da drüben nicht nach!“ Mit „die da drüben“ waren Ostberlin und die „DDR“ gemeint. In der Tat: Eine Autobahnüberbauung hätte es in den 70er Jahren in Berlin-Pankow - das zu Ostberlin gehörte - nicht gegeben. So etwas gab es im „real existierenden Sozialismus“ der „DDR“ eben nicht.

So sehr er die Politik auch liebte und einmal im Monat in die BVV ging, von Beruf war Karl - wie gesagt - Gastwirt. Wenn er zu Sitzungen „auf's Rathaus“ musste, schmiss Sabine den Laden. Im „Hase und Igel“ gab es vor allem Berliner Bier - „Schultheiß“ - aus Berlin-Spandau. Fast alle Gäste schwörten darauf und behaupteten, dass „westdeutsches“ Bier „wie Plörre“ schmecke und ostdeutsches im Grunde ungenießbar wäre. Schnaps gab es fast immer zum „Bierchen“ dazu; hier hieß das „'ne Molle und 'n Korn“. Außerdem wurde in der Kneipe ordentlich geraucht - „gepafft“, so dass die Luft dick vom Qualm und Bierdunst war. Das war die typische Kneipen-Atmosphäre der Zeit, die so viele liebten. Wein wurde hier übrigens kaum getrunken.

Wenn Karl nicht im Rathaus war, sondern in der Kneipe, wurde ebenfalls politisiert. Doch von „Diplomatie“ hielten die Menschen beim Bierausschank gar nichts. So konnte mancher als Gast hier durchaus dozieren: „Der Ami hätte 45 mit uns gleich bis Moskau durchmarschieren sollen, dann hätten wir den Iwan gemeinsam kalt gemacht und heute wäre Ruhe!“ Auf so einen Spruch trank man „noch ein Bierchen“.

Gerne hätte Karl öfter seinen Bruder Friedrich besucht, aber der wohnte „j.w.d. draußen im Jrünen“[7] und da könne er „den Laden hier“ nicht so lange alleine lassen, „denn bis nach Kladow is´ es ´ne weite Anreise. - Der letzte Zippel von Berlin, aber wenigstens nicht im Osten.“

Tatsächlich liegt Kladow westlich von Wilmersdorf...

7 j.w.d. = „janz weit draußen“

22. In der „Laube“

Bruder Friedrich gehörte zur „Gesellschaft“ in Westberlin. Einmal wurde er mit anderen Honoratioren der Halbstadt zu einem „Hintergrundgespräch“ in die „Ständige Vertretung“ der Bundesrepublik“ Deutschland in der „DDR“ eingeladen. Vorgeschriebener Grenzübergang war die „Heinrich-Heine-Straße“ mitten in Berlin. Sechs PKW's mit einem „B“ (für „Berlin“ = Westberlin) als Kennzeichen rollten an. In einem saß ein Senator, wie hier die Landesminister heißen. Die Insassen sahen die Schlagbäume, die Kontrollhäuschen, die wehenden „DDR“-Flaggen, den „Intershop“, geschäftige Uniformierte zuerst im „Westen“ und dann im „Osten“. Die Fahrer der meisten Autos wollten schon in Ostberlin einfahren, da scherte der Wagen mit dem Senator auf eine Sonderspur aus und blieb stehen. Offensichtlich höherrangige Ostuniformierte traten an das Auto heran, redeten ein Weilchen mit den Insassen, traten zurück und grüßten militärisch. Das Auto fuhr an, reihte sich wieder in die Schlange der „Einreisenden“ ein und rollte hinein in die „Hauptstadt der DDR“. - Hinterher erfuhr auch Friedrich, dass der Senator keine Papiere dabeigehabt hätte. Die höheren „DDR“-Bediensteten hätten ihn dennoch „einreisen“ lassen und ihm auch für die angestrebte „Ausreise“ ein Dokument überreicht.

Experten des Rechtsstatus von Westberlin rätselten: Warum hofiert die „DDR“ einen Westberliner Senator auf dem Wege in eine „Ständige Vertretung“, die in Wahrheit die Botschaft der Bundesrepublik Deutschland in der „DDR“ war, obwohl Westberlin nach Auffassung des gesamten Ostblocks - also auch der „DDR“ - eine „Freie Stadt“ war? Darauf gab es nur eine Antwort:

Interstaatliche Kumpanei unter Bürokraten war das!

Der Westberliner Konvoi versammelte sich hinter der Grenze zwischen beiden Teilen Berlins, nachdem alle im „Osten“ angekommen waren. Auf ging es in die „Ständige Vertretung“. Das war ein X-beliebiges Haus im Häusermeer - eingezäunt von einer eigenen Mauer. Am Eingang der Vertretung war ein Tor mit einem

Schildhäuschen. Darin saß ein „westlicher“ Mitarbeiter, der die Personalien der Ein- und Ausgehenden kontrollierte. Davor wiederum hatte sich auf der Straße die ostdeutsche „Volkspolizei“ („Vopo“) in einem Häuschen etabliert. Die „Vopos“ kontrollierten ebenfalls und ließen „Bürger der DDR“ ohne Erlaubnis nicht in die Vertretung hinein.

„Abhauen“- das sollte es an diesem Ort nicht geben!

Der Leiter der Vertretung – also eigentlich der Botschafter – begrüßte die Delegation und schlug vor, sich in eine angeblich abhörsichere „Laube“ der Vertretung zu begeben, um ungestört über die innere Lage der „DDR“ reden zu können. Das war ein Vorschlag so recht nach dem Geschmack der Westberliner, und so zogen sie im Gänsemarsch los – der „Leiter“ der Vertretung mit dem Senator und Mitarbeitern voran, die anderen hinterher. Am Ende kamen die Fahrer. Diese wurden abgeleitet in einen mit Kaffee und Gebäck ausgestatteten Konferenzraum. Die anderen betraten die „Laube“. Friedrich fühlte sich an die heimische Sauna erinnert, als sie alle in einem holzgetäfelten Raum an einem viereckigen Tisch Platz nahmen.

Fenster gab es in dieser „Laube“ nicht. Auch ansonsten da war wenig Durchblick, und so erfuhren die Westberliner kaum Neues über den inneren Zustand der „DDR“. Dass die Führung der „DDR“ nicht besonders populär war, war bekannt ebenso wie die im Vergleich zum „Westen“ schlechte Wirtschaftslage in der „DDR“. Viele wussten zudem von Oppositionsgruppen in „Ostdeutschland“, aber auch von berüchtigten politischen Gefängnissen in Berlin-Hohenschönhausen und anderswo.

Das alles war nicht neu für die angereisten Westberliner. Vielleicht hatte die „DDR“-Führung ja gewusst, dass ihr von der Einrichtung einer „Ständigen Vertretung“ in ihrer „Hauptstadt“ kaum Gefahr drohen würde und dass dort keine brisanten Zustände aus dem Innern ihres Landes bekannt würden.

Jedenfalls fuhren die Westberliner nach Hause, ohne Neues aus dem gerne von ihnen verlästerten „Arbeiter- und Bauernstaates“ erfahren zu haben.

„Ganz schön clever die Jungs da drüben!“, schoss es manchem durch den Kopf.

23. Arlington

1978 starb in den USA Lucius D. Clay. Er war Amerikaner gewesen und hatte 1948/49 als Chef seines Militärs in Deutschland während der „Blockade“ die Halbstadt Berlins mit Nötigem per Luft versorgen lassen. Westberlin war ihm dankbar und gab einer seiner Straßen den Namen „Clay-Allee“. Zur Beerdigung des Helden in Übersee reiste eine kleine Westberliner Delegation unter Leitung des Regierenden Bürgermeisters nach New York, um an der Trauerfeier auf dem Militärfriedhof in Arlington teilnehmen zu können.

Auch Friedrich Schnabel gehörte dieser Delegation an. Er sah im New Yorker Fernsehen bald, wie der Bürgermeister von New York den Berliner Kollegen, den „Regierenden“, empfing: hemdsärmelig. Zuvor im Flieger von Frankfurt/M. nach New York hatte Schnabel einen gerade abgetretenen Verteidigungsminister Westdeutschlands gesehen, dem der Berliner Bürgermeister über den Wolken ob dessen „Schicksal“ parteipolitischen Trost zusprach. – Anderntags auf dem Wege von New York nach Arlington trafen die Westberliner einen gut gelaunten späteren Bundespräsidenten.

„Amerika“ war eben das Mekka deutscher Politiker.

Aber in Amerika konnten diese Politiker nicht machen, was sie wollten: Gleich nach der Anreise wurden die Mitglieder der Westberliner Delegation von einem amerikanischen Offiziellen darauf hingewiesen, dass es ihnen nicht zustände, abfällige Bemerkungen über den – in der Welt verlästerten – aktuellen amerikanischen Präsidenten zu machen. Denn „Wright ore wrong, my President!“ gelte zwar zuerst für Amerikaner, für Ausländer – und speziell Deutsche – aber allemal. – Als der Offizielle dann sah, dass der Bürgermeister von Westberlin tatsächlich im Lande war, funkte er diese Nachricht nach Washington durch, und ein Mitglied der US-Regierung meldete sich „spontan“ als Teilnehmer an der Trauerfeier für Clay an. – Schließlich erfuhren die Amerikaner, dass der Berliner Bürgermeister bei der Feier zu reden wünschte. Ihm wurde bedeutet, das ginge nur mit einer sehr kurzen Ansprache.

Und so geschah es!

Bei der Feier erschienen die Amerikaner übrigens entweder in Uniformen oder in legeren Anzügen. Die anwesenden Deutschen fielen auf, denn sie trugen steife dunkle Anzüge und hatten schwarze Krawatten um.

Es dominierte ohnehin das Militär! Nicht so sehr der Erfinder und Organisator der „Luftbrücke" im fernen Deutschland wurde hier verabschiedet, sondern ein amerikanischer General. Derer gab es viele in dem großen Land, und dieser hier galt obendrein als Patriot.

Der Sarg des Generals wurde in die Flagge „Stars and Stripes" eingehüllt, und über das Gelände donnerten 21 Salutschüsse. Schnabel dachte, ihm würde das Trommelfell platzen. Doch die anwesenden Amerikaner ertrugen das Ritual regungslos und offensichtlich ergriffen.

„Blockade" und Westberlin hin oder her: Hier wurde einer ihrer Patrioten in die Ewigkeit verabschiedet.

24. Bevorratung

Als „Juraexperte“ kannte Friedrich manche Hintergründe des Westberliner Lebens. So wusste er einiges über die „Bevorratung“, die der Westberliner Senat betrieb, um die Halbstadt während einer möglichen weiteren Blockade zu versorgen. Der Fall war einfach: Die drei „West“-Alliierten hatten den Senat angewiesen, lebenswichtige Artikel zu „bevorraten“, damit die Halbstadt im Falle einer erneuten Blockade durchhalten konnte. Angeordnet hatten das zwar die Alliierten, bezahlen musste die „Bundesrepublik“, und organisiert wurde es vom Senat. Der hatte dafür eine eigene Abteilung in der Verwaltung für Wirtschaft.

„Bevorratet“ wurden die unterschiedlichsten Güter und Waren. Die Lebensmittel-Bevorratung war nicht überraschend. Aber es wurden auch Toilettenpapier, Kinderwagen und medizinische Produkte bereitgehalten. Regelmäßig wurden die Waren „umgewälzt“. Sie wurden dann erneuert.

So gab es in Westberliner Lebensmittelläden regelmäßig „Rindfleisch in der Dose“ - ein populäres Produkt, das aus den Regalen verschwunden war, als die Bevorratung infolge der deutschen Vereinigung eingestellt wurde. Massenware wie Kohle oder Getreide wurde ebenfalls vorgehalten und beanspruchte manche Fläche. Viele der Produkte aus der auch „Senats-Reserve“ genannten Bevorratung stammten übrigens aus der „DDR“. Das schien praktisch zu sein, wusste doch die „andere Seite“ dadurch, wie sich Westberlin für einen eventuellen Ernstfall wappnete.

Die Bevorratung war von mancherlei Anekdoten begleitet:

Von einem hohen Militär, dessen Heimat im Süden der USA lag, wurde berichtet, er habe die Getreidesilos in Berlin geliebt, denn die gelben Kornberge hätten ihn an seine Heimat erinnert…

Ein Mitarbeiter der zuständigen Abteilung in der Senatsverwaltung schwärmte von der Qualität der eingelagerten Kohle: Dies sei „Nusskohle“; das Beste vom Besten.

Als die Bevorratung durch die Vereinigung der deutschen Staaten obsolet wurde, begehrten Mitarbeiter der zuständigen Senatsabteilung mehr Stellen, denn ein Schiff, das im Hafen anlege, benötige eben mehr Personal an Bord als auf hoher See.

Offiziell war alles streng „geheim". Doch die Bevorratung war ein populäres Thema und wurde von den Medien gerne regelmäßig bemüht. In aller Öffentlichkeit wurde dargelegt, wie das beispielsweise mit den Kinderwagen wäre, und auf einem Foto konnte man sehen, dass selbst diese emotionsbeladenen Produkte bei der Einlagerung eben doch nur eine Ware waren.

Alles war „top secret", und jeder wusste Bescheid!

Originell war selbst das Ende der Bevorratung: Viele Medikamente wurden auf Hinweis des damaligen Bundeskanzlers nach Russland vergeben, damit die sowjetischen Soldaten - vereinbarungsgemäß - Deutschland wirklich verließen. Die sowjetischen Militärs zogen tatsächlich ab.

Vorher hatte es noch einen kleinen Schildbürgerstreich gegeben: Bevorratet wurde auch - wie berichtet - Kohle. Die brauchte Platz, und ihre Läger befanden sich oft in Konkurrenz zu erwünschten Wirtschaftsansiedlungen. In Berlin-Spandau beispielsweise griff ein alteingesessenes Industrieunternehmen auf ein mit Bevorratungskohle belegtes Areal zu. Die zuständige „Schutzmacht" - das britische Militär - hatte eine Idee: Das Kohlelager sollte verlegt werden auf ein Gelände am Stadtrand.

Gesagt, getan: Zum erwählten Stadtrandgelände wurde eiligst eine „Kohlestraße" gebaut, auf der mittels Lastwagen das „schwarze Gold" umgesetzt werden sollte. Die Straße führte jedoch an etlichen Reihenhäusern vorbei, deren Wände wegen des permanenten Lastwagenverkehrs wackelten. Also wurden die Bewohner dieser Häuser entschädigt.

Endlich war der alte Standort leer und der neue voll. Doch alles war umsonst. Als die Kohle endlich verlagert war, verschwand Westberlin im vereinten Deutschland, und niemand brauchte noch Bevorratungsgüter. Die Kohle wurde daraufhin erneut transportiert - diesmal auf Schiffen nach „Wer-weiß-wohin?". Der -vorübergehend - neue Standort wurde mit einem See zum erweiterten Golfplatz einer schon bestehenden britischen Anlage umfunktioniert.

Ob sich auf dem Ursprungsgelände tatsächlich Industrie angesiedelt hatte, ist indes nicht bekannt.

25. Hutschenreuther oder KPM?

Als der Wissenschaftssenator Westberlins die USA besuchte, durfte der Juraprofessor von der Freien Universität ihn begleiten. Er gehörte der Delegation an, die wie ein Rattenschwanz hinter dem Senator herzog. Es ging zuerst nach Boston und dann nach New York. Der Senator war ein „alter Hase", was Amerika betraf, denn einst hatte er dort studiert.

In Boston wurde das „MIT" („Massachusetts Institut of Technologys"), in New York die dortige „State University" besucht.

Aber: Als die Delegation aus Westberlin von Frankfurt/M. kommend mit der „Lufthansa" auf dem John-F.-Kennedy-Flughafen eintraf, wurde sie von einem örtlichen Passkontrolleur der „USA" mit einem vernehmlichen „Shit Berlin" begrüßt: War Westberlin in Amerika also doch nicht so beliebt, wie man sich das an der Spree vorgestellt hatte? „Ich denke, in Berlin wohnen nur alte Leute!", war der Kommentar des Amerikaners zu dieser geopolitischen Angelegenheit. „Ha, dann sind wir offenbar noch jung!", lautete der innere Trost der Angekommenen, und sie hakten die Szene ab.

Immerhin: Westberlin gehörte offensichtlich doch zur Welt. Für Friedrich Schnabel jedenfalls war das erwiesen, als er sich am Rande des Besuchs in die Bibliothek des „MIT" schlich und dort überprüfte, ob man hier seine wissenschaftlichen Werke eingearbeitet hatte. In der Tat: Einige Publikationen Schnabels waren vorhanden! Schnabel war sehr stolz auf sich und meinte, den Beweis gefunden zu haben, dass jedenfalls auf dem Gebiet der Wissenschaft Westberlin zur Welt gehört hatte.

Ehrfurchtsvoll wurde Schnabel, als er erfuhr, dass Boston und Massachusetts die Wiege der amerikanischen Demokratie waren. Mit einem „Schuss, der in der ganzen Welt gehört" wurde, starteten hier die Amerikaner ihren Befreiungskrieg gegen die Kolonialmacht England. In Boston gab es daher einen „Freedom-Trail", der an die Anfänge der amerikanischen Demokratie erinnern sollte.

Solche Mythen konnte Westberlin für die deutsche Geschichte nicht aufweisen. Die Frühgeschichte von Schnabels Land hatte sich weit westlich von Berlin abgespielt, und das historische Zentrum Preußens und der Stadt lag in Ostberlin.

Dennoch usurpierte der Westberliner Senator einfach die deutsche Geschichte, als er bei einem Empfang des Gouverneurs von Massachusetts diesem einen Teller aus der in Berlin ansässigen „Königlichen Porzellanmanufaktur" („KPM") mit den Worten „Von unserem König" überreichte. Der beglückte Gouverneur erhob den Teller, zeigte ihn allen und rief begeistert: „Oh, Hutschenreuther!"

Dann wechselte der amerikanische Regierungschef das Thema und begann, auf den „Boston Globe" zu schimpfen. Der würde ihn in seinen Artikeln immer schlecht darstellen. Wenn das so weiterginge, so der Gouverneur, werde er die Zeitung verbieten. – Die Westberliner staunten: War das die hochgelobte amerikanische Demokratie, nach der sie sich zu Hause so sehnten und derentwegen sie ihren „Freiheitskampf" gegen den Kommunismus des „Ostblocks" führten? Dabei hatte der Gouverneur doch nur einen Witz gemacht…

Zum Ende der Reise über den „Großen Teich" begab sich die Wissenschaftsdelegation nach New York, um die dortige städtische Universität zu besuchen. Der Senator erklärte, man wolle zeigen, dass es in den USA auch Hochschulen gäbe, die ein „ähnliches" (meinte er „niedriges"?) Niveau hätten wie die Lehranstalten in Westberlin.

Die Heimreise stand bevor.

26. Wie in Westdeutschland

Wieder zurück in Westberlin, stand für Schnabels die Neugestaltung des heimischen Badezimmers an. Insbesondere Charlotte hatte sich davor gegraust, dass alles Alte herausgerissen werden sollte. Dreck und Staub würden entstehen, und wer wusste schon, wie lange das Bad durch die Bauarbeiten nicht zu gebrauchen sein würde? Aber es musste sein!

Die Handwerker - es waren derer drei - rückten an: Morgens um acht klingelten sie an der Haustüre. Sie hatten blaue Arbeitskittel an, waren kräftig gebaut und erklärten erst einmal, sie müssten das Werkzeug aus dem „Wagen" holen, der draußen auf der Straße stünde. Dieser Transport dauerte.

Als alles beisammen und im Badezimmer war, fragte die Hausfrau, ob die „Herren" erst einmal einen Kaffee trinken wollten. Sie wollten alle drei und machten es sich in der Küche bequem. Bevor der Kaffee serviert wurde - „Mit Milch und Zucker?" - packten die „Herren" ihre mitgebrachten geschmierten und belegten Brote (berlinisch: „Stullen") aus und legten sie bereit. Bald wurde ordentlich gefrühstückt und geredet. Dann verschwanden die Ess-Utensilien in mitgebrachten Taschen, und unter Gestöhne ging es endlich an die Arbeit.

Alles kam, wie Charlotte vorher befürchtet hatte: Ein Bohrer trat in Aktion. Er produzierte Lärm, Dreck und Staub, doch die Arbeiter in den blauen Overalls waren ungerührt - eigentlich sogar feierlich ernst. Es staubte und staubte. Dann brach der Lärm jäh ab: Mittagspause! Wieder wurden die „Stullen" hervorgeholt und dazu Getränke begehrt. Zwei der „Herren", verlangten Bier statt Kaffee („Am liebsten Schultheis!").

Die Mittagspause dauerte eine Stunde, dann ging es „ran an die Buletten". Wieder gab es Lärm, Staub und Dreck. Um drei Uhr wurde erneut alles abgestellt, und die „Herren" setzten sich mit Schnabels an einen Tisch, um das weitere Procedere zu besprechen. Die einzubauenden Armaturen wurden anhand von Prospekten, welche die Arbeiter mitgebracht hatten, durchgesehen.

Danach ging es um die Fliesen. Wieder wurden Prospekte gewälzt. Die Schnabels entschieden sich für blaue Fliesen. Da schlug ein Arbeiter vor, Fliesen „von Colani" zu nehmen: „Die koofen wa in'm Laden auf'm Ku'damm!" - „Das ist gut." Der Arbeiter beendete die Unterredung mit den Worten: „Wir machen Ihnen ditt wie in Westdeutschland!"

Konnte es ein schöneres Versprechen geben?

27. Kriegsverbrechergefängnis

Einmal im Monat gab es in Berlin-Spandau ein Spektakel: Soldaten einer der vier „Siegermächte" von 1945 zogen von dem „Kriegsverbrechergefängnis" ab, und Militärs einer anderen „Siegermacht" rückten an. Natürlich waren Ab- und Aufmarsch choreografiert, und natürlich waren die Sowjets „Siegermacht" geblieben, während sich anderen drei Nationen zu „Schutzmächten" gemausert hatten.

Im aus rotem Backstein gebauten „Kriegsverbrechergefängnis" selbst saß am Ende nur noch ein früherer Nazi-Funktionär ein. Es war ausgerechnet der 1894 in Ägypten geborene Rudolf Walter Richard Heß, der als amtierende Nazi-Größe im Mai 1941 nach England geflohen war, um Verhandlungen mit dem britischen Königshaus aufzunehmen.

Diese Aktion scheiterte. Aber die Sache half Heß, denn er wurde nach der Kapitulation Deutschlands beim Kriegsverbrecherprozess in Nürnberg nicht zum Tode, sondern zu Jahrzehnte dauernder Haft verurteilt. Er rückte in Berlin-Spandau ein, wo er sich im hohen Alter das Leben nahm.

Sicherlich hätte es gereicht, wenn ein oder auch vier Männer den „Kriegsverbrecher" bewacht hätten – womöglich je ein Vertreter einer Siegermacht. Doch es mussten viele Soldaten sein – angetan mit Waffen und in Uniformen.

So konnten die Westberliner jeden Monat ein militärisches Schauspiel ab- und aufmarschierender Soldaten vor einem roten Backsteingefängnistor ansehen – mit Abstand bitte! – und dabei die Lektion eingebläut bekommen, dass Berlin längst noch keine freie Stadt war.

Der Krieg war eben noch nicht zu Ende.

28. Ostgestank

Auch Knallen und Stinken gehörten zu Westberlin.

Manchmal kam es am Himmel Berlins zu sich immer wiederholenden Geräuschen. Es brummte und knallte heftig. „Da wieder!“ Oben waren Flugzeuge, die zu dritt oder mehr in eine Richtung schossen, plötzlich knallten und verschwanden. Wie lästige Fliegen aber tauchten sie erneut auf und wiederholten ihr Spielchen.

Sogar im Fernsehen wurde über diese Erscheinungen berichtet, und es stellte sich heraus: „Sowjetische“ Düsenjäger rasten über Westberlin hinweg, erhöhten die Geschwindigkeit und „durchbrachen die Schallmauer“, wie man bald überall in der Stadt zu wissen glaubte. Bei einem solchem Durchbruch entstand ein lauter Knall. Zur gleichen Zeit soll es angeblich der westdeutschen „Bundeswehr“ gerichtlich untersagt worden sein, auf ihrem Territorium Gleiches zu tun.

Allen in der Halbstadt jedoch war klar, dass dies hier Terror der Sowjets gegen das ungeliebte Westberlin und seine Menschen sein sollte. Richtig schießen oder sonst wie Gewalt anwenden wollten diese Besatzer ja nicht, also sandten sie akustische Störungen vom Himmel herunter.

Doch Charlotte und Friedrich nahmen das akustische Spektakel von ihrem Garten aus als Belustigung auf – wie die alljährliche (allerdings mehr erdgebundene) Silvesterknallerei. Ähnlich war es in der ganzen Stadt. Die Aktion verpuffte, und am Status von Westberlin änderte sich gar nichts.

Anders als mit dem Knallen war es mit dem Stinken. Immer öfter wurde die Luft im Westen Berlins stickig. Frische Luft gab es selbst in grünen Vierteln kaum noch. Besonders wenn der Wind aus dem Westen geweht kam, brachte er unangenehme Gerüche heran, und es roch es nach Braunkohle, Schwefel und Staub. Das war der typische „DDR“-Geruch.

Der Geruch allerdings war keine mutwillige Schikane. Er war ein Umweltproblem. Die anrainenden „Bürger der DDR" verbrannten zu dieser Zeit besonders gerne Braunkohle, wohl aus der Lausitz. Wenn der Wind alles „in den Westen" blies, stank es dort erheblich. Zwar hatten die Schnabels und ihre Nachbarn längst Öl- oder Gasanlagen zum Heizen und für warmes Wasser, aber die „Brüder und Schwestern" drüben eben nicht, und so stank es im Westen Berlins immer wieder mal nach der „DDR".

Die Westberliner hatten sich an die Geruchswolken gewöhnt. Erst als die „DDR" verschwunden war und Westberlin wieder „ein schönes Festland" (so der einstige Wunsch der populären Rundfunksendung „Insulaner") geworden war, hörte es allmählich auf zu stinken.

Die „DDR" stank nicht mehr, und auch das einstige Westberlin konnte man am Geruch nicht länger erkennen.

29. Schwarzer Kanal

Der „Schwarze Kanal" von und mit Karl Eduard von Schnitzler kam immer montags im Fernsehen, gesendet von einem Funkhaus in Ostberlin. War das „Ostfernsehen" sonst auch nicht populär: Den „Schwarzen Kanal" wollten viele in Westberlin gerne sehen. Rief jemand zur bestimmten Stunde an, konnte er vom Adressaten manchmal hören: „Weißt Du nicht, was jetzt im Fernsehen läuft?"

Der „Schwarze Kanal" war eigentlich eine Propagandasendung des „DDR"-Fernsehens. Aus den Programmen von „ARD" und „ZDF" herausgeschnitten, wiederholt und propagandistisch kommentiert hatten einige TV-Passagen ihre Reprise. Ein Vorspann der Sendung zeigte einen Bundesadler, der mit einer schwarz-weiß-roten Schärpe versehen war und sich auf „ARD"- und „ZDF"-TV-Antennen niederließ.

Von Schnitzler - der in Berlin-Dahlem Geborene - ätzte, was das Zeug hielt. Sein bürgerliches Outfit - Anzug, Krawatte, dunkle Hornbrille - stand im Gegensatz zum militanten Ton seiner Ausführungen. So kam das propagandistisch Gemeinte bei Zuschauern im Westen - und wohl nicht nur bei denen - kabarettistisch an. War doch alles zu absurd; da kam keine westliche Kabarettsendung mit! Gewollte Propaganda geriet auf diese Weise zum Unterhaltungsspaß auf dem heimischen Sofa.

Der Empfang des „DDR"-Fernsehens war sehr gut in Westberlin. Auch andere Programme aus dem „Osten" waren technisch einwandfrei. Schließlich war es nicht weit vom Sender in Berlin-Adlershof (Ostberlin) zu Westberliner Empfängern. Manche genossen es daher, neben „Westnachrichten" („Heute-Journal" oder „Tagesschau") noch die „Aktuelle Kamera" des „DDR"-Fernsehens zu konsumieren. Die präsentierte meist andere Nachrichten als Hamburg oder Mainz, und gleiche Meldungen erschienen im anderen Gewand.

Ansonsten war das „Ostfernsehen" in Westberlin nicht populär. Aber manches hatte im Westen doch seine speziellen Fans, so das „Ostsandmännchen“ im Vorabendprogramm oder die in Konkurrenz zum westlichen „Tatort“ laufende Krimiserie „Polizeiruf 110“, wo der Kommissar stets ein „Genosse“ und der Täter oft ein irgendwie mit dem „Westen“ verbandelter Heiratsschwindler war.

Der „Kalte Krieg“ tobte auch im Äther.

30. RIAS

Überhaupt der Äther:

Wie viele andere Westberliner war Friedrich Schnabel sozialisiert worden durch drei Radio-Sender:

1. den Soldatensender der Amerikaner „AFN" („American Forces Network"),
2. den „RIAS" („Rundfunk im Amerikanischen Sektor") - und
3. den „SFB" („Sender Freies Berlin").

Der Soldatensender war vor allem für Jugendliche attraktiv. Brachte er doch die neuesten Welthits, während deutschsprachige Sender einheimische Schlager wie „Ich hab' so Heimweh nach'm Kurfürstendamm" mit Bully Buhlan aus Berlin-Lichterfelde funkten. „AFN" aber hatte Ella Fitzgerald und Louis Armstrong im Programm. Da war Power drin!

Der „RIAS" kam zwar deutschsprachig daher, war aber eigentlich ebenfalls ein amerikanischer Sender. Diese Anstalt war sehr populär. - Immer freitags versammelten sich Familien an den Rundfunkgeräten, um die „Schlager der Woche" zu hören und deren Ranking zu verfolgen. - Beliebt war das „Ideale Brautpaar", wo heiratswillige Frauen und Männer nach jeweiligen Vorlieben und Abneigungen gefragt wurden. „Ideal" war das Paar mit den meisten Übereinstimmungen. - Für die Kleinen gab es „Onkel Tobias" und den Rat an alle kleinen Geburtstagskinder: „Besser essen, besser essen!" - Fans des Kriminellen lauschten den regelmäßigen Berichten aus dem alten Berlin: „Es geschah in Berlin". - Unübertroffen waren jedoch die „Insulaner", ein permanentes kabarettistisches Feuerwerk der Propaganda gegen die „Sowjetzone", also die „DDR". In einem Schunkelsong über diesen Staat hieß es: „Die Leute, die hier wohnen, im Dorf und in der Stadt, die brauchen nicht zu hungern, die haben´s alle satt!" Nicht nur in Berlin, sondern überall in Deutschland wurden die „Insulaner" gehört - mal legal, mal verbotenerweise. - Typisch berlinerisch erschien auch

Friedrich Luft immer sonntags um 12 Uhr mit seiner Theaterkritik: „Bitte, Herr Luft!" – Das Format „Dalli, dalli" mit Hans Rosenthal überdauerte sogar Westberlin und wurde später in das westdeutsche Fernsehprogramm aufgenommen.

Nachher fragte sich mancher ehemalige Westberliner: „War das mit dem 'RIAS' alles Zufall oder in Washington ersonnene Propaganda-Strategie'?"

Bei so viel amerikanischer Medienpräsenz mochten die Deutschen natürlich nicht hintenanstehen. Aus dem „NWDR", dem „Nordwestdeutschen Rundfunk" entstand der „SFB", der seinen Sitz im traditionsreichen „Haus des Rundfunks" in Berlin-Charlottenburg nahm. Von hier aus ertönte fortan eine „Freie Stimme der Freien Welt". Dort sprach auch regelmäßig der Regierende Bürgermeister von Westberlin unter dem Titel „Wo uns der Schuh drückt". Immer und immer wieder wollten die Bürger wissen, wie ihr Stadtoberhaupt die politische Lage einschätzte.

Es gab auch Neider und Gegner. Manchmal meldete sich über die innerstädtische Ost-West-Grenze hinweg die „DDR" mit Ansagen oder Musik aus Lautsprechern. Sofort erschien auf der Westseite ein PKW mit ebenfalls aufgebautem Lautsprecher und schallte zurück. Das nannte sich „Studio am Stacheldraht". Umgekehrt fand die „DDR" an Westprogrammen, besonders des „RIAS", häufig so wenig Gefallen, so dass sie „Störsender" einsetzte, und am Lautsprecher daheim waren nur Hintergrundgeräusche des gestörten Senders sowie im Vordergrund lautes Gejaule und Gequietsche des Störers zu vernehmen.

Da der „RIAS" auch von Franken aus sendete, versuchten es die „Ossis" manchmal mit Humor, wenn sie reimten: „Ochsenkopf und `RIAS`-Enten können uns den Geist nicht blenden!"

Ganz ohne Medienanstalt fanden selbst die Westberliner Kinder den richtigen Propagandaton, wenn sie aus dem harmlosen Liedchen „Auf der grünen Wiese hab' ich sie gefragt, ob sie mich noch liebe. 'Ja' hat sie gesagt."[8] einen kleinen Spottsong gegen die „SED" machten:

„Auf der grünen Wiese
stand ein DKW[9]
mit 'nem Pfund Gemüse
von der LPG[10]."

8 Lied von Simone Sommerland, Karsten Glück und „Die Kita-Frösche"

9 „DKW" = frühere deutsche Automobilmarke

10 „LPG" = „Landwirtschaftliche Produktionsgenossenschaft" (in der „DDR" sozialisierter Bauernhof)

31. Campus

Wieder einmal fuhr Prof. Schnabel in seine Universität. Auf dem Programm standen ein Seminar, die Sprechstunde, eine Vorlesung, das obligatorische Schwätzchen mit Frau Selbitz und das „Professorium", also die Konferenz aller Professoren der Fakultät. Besonders diese Zusammenkunft der Professoren, die im Besprechungssaal des Dekans stattfand, konnte lange dauern: „Open End" drohte!

Zu Mittag aß Friedrich nach der Sprechstunde und vor der Vorlesung. Dazu ging er alleine in die Mensa. Dort war es laut und wuselig. Allerlei gedruckte politische Pamphlete wurden ihm angeboten. Er nahm sie alle und las darin, während er seine Gulaschsuppe löffelte.

Friedrich trieb es danach hinaus ins Freie. Er wollte noch etwas auf dem Campus spazieren. – Zwischen der Fakultätsgebäuden und der Mensa befand sich ein parkähnliches Gelände mit einer Wiese, mit Wegen und Bänken. Das war ein Teil des Campus der Universität.

Auf dem Weg von der Mensa in die Fakultät traf Schnabel einmal auf eine Gruppe junger Menschen, die beieinanderstanden und offensichtlich in heftige Debatten verwickelt waren. Friedrich gesellte sich dazu und erkannte schnell: Hier stritten Kommilitonen von der „Humboldt-Universität" („HU") mit hiesigen Studenten. Die „HU"-Protagonisten waren offensichtlich „FDJ"-Mitglieder und mit der U-Bahn gekommen, um in Dahlem unter ihren Altersgenossen zu agitieren. Sie waren drei – zwei Männer und eine Frau. Einer der beiden jungen Männer hatte einen kleinen Stapel hektographierter Flugblätter in der Hand, die er wohl verteilen wollte. Im Eifer des Gefechts schien er sie vergessen zu haben und beteiligte sich lebhaft an den Wortwechseln mit den „West"-Kommilitonen. Diese waren eigentlich in der „West-FU" von ihren Professoren gewarnt worden: „Lassen Sie sich nicht mit denen ein. Das sind geschulte 'FDJler'!" Doch nicht alle „FU"-Studenten hielten sich an solche Mahnungen. Hier waren es etwa sieben Jungakademiker aus dem „Westen", die den angereisten „Ossis" Paroli bieten wollten.

Es ging um Großes: Deutschland, die Nazis, die Mauer – letztlich um den Kommunismus und um den Kapitalismus. Die Debatte war wüst. „Die 'FU' ist doch nur der monopolkapitalistische Wurmfortsatz der 'HU'!" – „Hier herrscht aber Freiheit!" – „Bei uns haben Arbeiterkinder die Freiheit, Akademiker zu werden!" – „Deswegen habt Ihr ja auch die Mauer!" – „Die schützt uns vor den alten Nazis, die bei Euch überall in den Spitzenämtern sitzen!" – „Ihr habt ja noch nicht ´mal genug zu essen!" – „Mit dem Wohlstand bestechen euch die Monopolkapitalisten und Kriegstreiber: Wir dagegen bauen den Sozialismus auf, der allen gerecht wird!" – „Westberlin ist eine Insel der Freiheit im roten Meer!" – „Westberlin ist ein Hort der Revanchisten!" – Und so weiter, und so weiter.

Prof. Schnabel hatte genug gehört. Solche Streitereien brachten seiner Ansicht nach nichts. Sie lösten keines der Probleme der Zeit wie etwa

- die Weiterentwicklung des Rechtsstaates (was ihm besonders am Herzen lag),
- die gerechte Verteilung von Wohlstand,
- die Grenzen des Pluralismus,
- die künftige Rolle der „Dritten Welt"
- oder die Suche nach dem richtigen Weg zwischen Sozialismus und Kapitalismus.

„Lass sie doch streiten: Es bringt uns nicht weiter.", dachte Schnabel. Sinnierend ging er weiter: „Die Idee des Sozialismus ist ja nicht grundschlecht. Andererseits: Leistung muss sich lohnen. Das spricht für den Kapitalismus. Dennoch könnte der Wohlstand im Westen ruhig etwas weiter gestreut werden, würde doch nicht schaden. Und dass die ollen Nazis bei uns Unterschlupf gefunden haben, ist sicher auch nicht gut. Aber deswegen eine Mauer bauen? Vielleicht wäre ja manches anders, würden hier die Systeme ohne Grenze aufeinander prallen…"

Geriet da ein „Insulaner" ins Wanken?

32. Hätte, hätte, Fahrradkette 3

Wäre Berlin nach dem Zweiten Weltkrieg nicht geteilt worden, hätte es kein Ost- und kein Westberlin gegeben. In Deutschland hätten sich zwei Staaten gebildet: Die westliche „Bundesrepublik Deutschland" und die östliche „Deutsche Demokratische Republik". Die Bundesrepublik wäre föderalistisch aufgebaut, und ihre Hauptstadt wäre Bonn oder womöglich Frankfurt/M. geworden. Als „Schutzmacht" hätten sich die „USA" herausgebildet. Für die „DDR" hätte die Sowjetunion den Status einer „Schutzmacht" eingenommen. Dieser Staat wäre zentralistisch organisiert worden und seine Hauptstadt wäre sicherlich Berlin, die alte Reichshauptstadt. Etwa 1970 „hätten" diese beiden deutschen Staaten diplomatische Beziehungen aufgenommen und wären den „Vereinten Nationen" beigetreten. Westdeutschland wäre in ein westliches Militärbündnis aufgenommen worden und „hätte" sich mit anderen westeuropäischen Staaten zu einem Staatenbund zusammengetan. Ostdeutschland wäre Teil des sowjetisch beherrschten Staatenimperiums geworden und hätte als dessen westlichster Vorposten fungiert. Im „Westen" „hätte" man sich für die liberal-parlamentarische Demokratie entschieden und die Marktwirtschaft eingeführt. Ostdeutschland wäre ein zentralverwalteter, kommunistischer Staat geworden, der von einer Einheitspartei regiert worden wäre. „Wahre Freundschaft" hätte zwischen den beiden deutschen Staaten nicht geherrscht. Man „hätte" sich wohl gegenseitig anerkannt und keinen „Kalten Krieg" geführt.

Beide deutsche Staaten wären im Innern relativ entspannt gewesen, da ihnen keinerlei Gefahren von außen drohte. Marktwirtschaft und Kommunismus „hätten" sich in einem Wettbewerb befunden, wobei mancher auch im Weststaat gemeint hätte, die Formel „Jeder nach seinen Fähigkeiten, jeder nach seinen Bedürfnissen" sei gar nicht so falsch. Andererseits hätte es im Oststaat Bürger gegeben, die ihre unternehmerische Begabung gerne ausgelebt hätten.

Es wäre sicherlich friedlich zugegangen im Nachkriegsdeutschland mit zwei Staaten und ohne eine „Insel" inmitten des Territoriums des einen. Eine Mauer „hätte" niemand bauen müssen, und dafür, dass die beiden nicht militärisch aufeinander zugehen, „hätten" die „Schutzmächte" schon gesorgt.

Hätte, hätte, Fahrradkette!

33. Aber so war es wirklich 3

Friedrich lebte nun einmal in Westberlin. Er erinnerte sich an seine Schulzeit und daran, dass er damals damit gehadert hatte, dass „Sport" ebenso wie „Deutsch" oder „Mathematik" als vollwertiges Fach gegolten hatte und mithin auch bei Versetzungen oder gar „nicht bestandener" Reifeprüfung zählte. Hintergrund dieser Einstellung war wahrscheinlich die Tatsache, dass Friedrich im Fach „Sport" generell kein so guter Schüler war. Beim „Stangenklettern" und „Bockspringen" war er ein Versager und rettete seine Bewertung beim „Turnen" dadurch, dass er am „Hochreck" ein As war, wobei er nicht wusste, wie das kam. Freude hatte ihm der gesamte „Sport" unter dem Strich jedenfalls nicht bereitet.

Da erschien als neuer Sportlehrer eines Tages ein Herr Wohnstatt und erklärte, er wolle den „Jungs" das „Boxen" beibringen. Nun waren die männlichen Schüler unter sich. Sie übten Beinarbeit, Decken und lernten ihre „Führhand" kennen. Das bereitete Jung-Friederich Freude, und das Fach „Sport" stieg in seiner Wertschätzung an. Da tauchte nach wenigen Tagen die Schulleiterin auf und erklärte tiefernsten Gesichts, der Herr Wohnstatt sei ab sofort nicht mehr an der Schule, und die „Schutzmächte" könnten das Erlernen des Boxens nicht gestatten, denn „Boxen" sei ein „Kampfsport" und mithin an Westberliner Schulen verboten!

An diese Geschichte erinnerte sich Friedrich, als ihm sein Freund Klaus Kurz, der Mitglied des Abgeordnetenhauses von Westberlin war, von einem Kollegen berichtete, den seine Fraktion in den Parlamentsausschuss für „Innere Sicherheit" delegiert hatte. „Auf Wunsch der Schutzmächte", so das Parlamentspräsidium, wurde der Kollege freundlich gebeten, sich einer Überprüfung zu unterziehen, ob er „sicherheitspolitisch" unbedenklich sei. Schließlich würde der Ausschuss nicht nur über die Interna der Westberliner Polizei unterrichtet, sondern auch über die Aktivitäten der drei „Schutzmächte" in Westberlin. – Der Abgeordnete weigerte sich mit der Begründung, er sei Deutscher und nur seinen Wählern verpflichtet, nicht jedoch auswärtigen Mächten. Diese Mitteilung gefiel den in- und ausländischen Sicherheitsexperten nicht, und es wurde versucht, den Abgeordneten umzustimmen. Alle Bemühungen blieben erfolglos. Der Abgeordnete blieb bei seiner Weigerung. Die Konsequenz war, dass der Parlamentarier zwar in den begehrten Ausschuss gehen durfte, aber von da an berichtete die Verwaltung den Abgeordneten nur noch Sachverhalte, die ohnehin in der Tagespresse nachzulesen waren.

Wieder einmal wurde klargestellt, wer das Sagen hatte in Westberlin.

34. Thomas Boden

Den Rechtsstatus von Westberlin kannte ohnehin keiner so genau. Vielfach wurde versucht, diesen zu erklären, indem von einer „deutschen" im Unterschied zu einer „alliierten" Rechtsauffassung gesprochen wurde.

Nach der deutschen Rechtsauffassung war Westberlin ein Land der „Bundesrepublik Deutschland". Es wurde mit „Westgeld" bezahlt; der Regierende Bürgermeister war zugleich deutscher Ministerpräsident; es galten die westdeutschen Gesetze; im Bundestag saßen Westberliner Parlamentarier; der Senat war im Bundesrat vertreten; das Rathaus Schöneberg war so etwas wie der Amtssitz der Regierung des „Bundeslandes Berlin"; der Berliner Fußballklub „Hertha BSC" war - solange es sportlich reichte - Teil der „Bundesliga"; die Bundesbank saß zwar in Frankfurt/M. - hatte aber ihren offiziellen Sitz in Berlin; die politischen Parteien waren in Berlin durch ihre regionalen „Landesverbände" vertreten; Einrichtungen wie das „Bundesverfassungsgericht" und das „Umweltbundesamt" hatten ihre Sitze in Westberlin; alle vier Jahre traf sich die „Bundesversammlung" in den Messehallen am Funkturm in Berlin und wählte den Bundespräsidenten (eine Frau war nicht dabei), und der Bundeskanzler amtierte ab und an in Berlin. Das Schloss „Bellevue" - im Berliner „Tiergarten" in der Nähe zum Sowjetischen Ehrenmahl gelegen - war ein Amtssitz des Bundespräsidenten, der allerdings normalerweise im Rheinland seinen Geschäften nachging. Auch der „Bonner" Bundestag hatte im „Reichstag" hart an der Grenze zwischen Ost- und Westberlin einen Amtssitz in der „alten deutschen Hauptstadt".

Dass er dort zusammentrat, wurde allerdings vom „Osten" nicht gern gesehen, was dieser auch kundtat.

Nach der alliierten Rechtsauffassung gehörte Westberlin aber nicht zur Bundesrepublik. Für die Amerikaner, Briten und Franzosen umfasste der Begriff „Westberlin" ihre drei Sektoren der „Viersektorenstadt" zusammen. Oberstes politisches Organ war für sie – mittlerweile allerdings fiktiv - der „Alliierte Kontrollrat" in Berlin-Schöneberg. Die drei „Westmächte" sahen ihre örtliche Militäradministration als Souverän in der Stadt. Die „Bundeswehr" war wie die „Lufthansa“ in Westberlin nicht erwünscht. Die sonst in der „Bundesrepublik“ übliche „Wehrpflicht“ galt hier nicht.

Das „westdeutsche“ Recht galt an der Spree nicht automatisch: Fasste der Bundestag in Bonn Gesetzesbeschlüsse, trat wenig später in Berlin das „Abgeordnetenhaus“ zu einer „Übernahmesitzung“ zusammen und bestätigte das am Rhein Entschiedene. Als Westberlin schon aufhörte zu existieren, versuchten die „Grünen“ (die hier übrigens „Alternative Liste“ hießen) daran zu rütteln.

Irgendwann nannten sich die westlichen Sieger von einst nicht mehr „Besatzungs-“, sondern „Schutzmächte“. Deren Militärs besaßen im Rathaus Schöneberg Büros, in denen „Verbindungsoffiziere“ residierten, die bei Sitzungen des Abgeordnetenhauses besondere Plätze in der Reihe eins der Zuschauertribüne hatten. Bei Staatsbesuchen in Westberlins Parlament thronten die „Stadtkommandanten“ auf der Senatsbank. Für die „Innere Sicherheit“ Westberlins waren letztlich sie zuständig, und die Berliner Polizei sahen sie als nachgeordneten Erfüllungsgehilfen. Die drei „Westalliierten“ hatten jeweils eigene Militärflughäfen – Tempelhof die Amerikaner, Gatow die Briten und Tegel die Franzosen.

Das und weiteres sollte dem Schutz der Halbstadt dienen. Ein Haken war, dass die deutsche Bevölkerung keinerlei Mitspracherechte hatte, wenn es zu alliierten Bauprojekten kam. Das geschah – kurz vor dem zeitlichen Ende Westberlins – in Berlin-Gatow, wo die Briten gegen heftigen Protest Deutscher einen Schießplatz errichteten. Kurz nach der Vereinigung wurde dieser Schießplatz fertig und steht seitdem ungenutzt in der märkischen Landschaft. Friedrich Schnabel hatte das vor der Haustür beobachtet und konnte es als passiver Beobachter miterleben.

Friedrich wusste aber auch: Im Westberliner Abgeordnetenhaus gab es einen Parlamentarier, der kannte die rechtlichen Feinheiten des Status seiner Halbstadt aus dem „Effeff“. Das war Thomas Boden. Er war so gut, dass sowohl der Senat als auch die Alliierten ihn gerne an ihrer Seite gehabt hätten. Aber da war nichts zu wollen.

Boden erklärte, er sei vom Volke gewählter Abgeordneter und das werde er bleiben – unabhängig und frei. Weiteres wolle er nicht.

35. Ende gut, alles gut?

Nicht nur im „Westen“, auch im „Osten“ hatte man mit dem Status dieses Westberlins Probleme. Es war aber auch nicht einfach: Ostberlin war nach dem Verständnis des gesamten „Ostblocks“ die „Hauptstadt der DDR“, und gleich daneben hinterm „Brandenburger Tor“ lag dieses vermaledeite Westberlin, das sich „Insel der Freiheit“ nannte.

Offiziell wurde die Halbstadt gerne als „besondere politische Einheit“ bezeichnet. Dass man diese mit dem Auto nur über die drei „Interzonenstrecken“ nach Lauenburg, Helmstedt oder Hof verlassen durfte, hatte die „DDR“ ebenso durchgesetzt wie die „Korridore“ für tolerierte Fluglinien von oder nach Westberlin oder wie die „Interzonenzüge“, die auf festen Routen und zu bestimmten Zeiten vom „Bahnhof Zoologischer Garten“ in den „Westen“ in einem Rutsch fuhren - oder wieder zurück. Die Berliner S-Bahn umkreiste für „DDR“-Bewohner Westberlin, wenn sie von Ostberlin nach Potsdam fuhr. Als die westliche U-Bahn durch ein Stück Ostberlin hindurchfahren musste, sauste sie durch einen Tunnel und hielt an keinem Bahnhof. - „Militärkonvois“ der westlichen Siegermächte dagegen konnten sich in ganz Berlin frei bewegen: Das waren alles Vorgaben, die von „DDR-Grenzern“ genau zu beachten waren.

Westberlin war für Ostberlin und den gesamten „Ostblock“ ein Ärgernis. Da hatte auch die „Blockade“ nichts bewirkt. Seinerzeit versagten - wie berichtet - die Sowjets den drei „Westalliierten“ die Versorgung ihrer Bezirke über Land oder Wasser. Die „Westmächte“ reagierten darauf mit der Einrichtung einer „Luftbrücke“; ihre Bezirke wurden gehalten, und - wie berichtet - Westberlin entstand.[11] - Vor dem alten „Flughafen Tempelhof“ wurde nach dem Erfolg dieser Abwehr - als alles vorbei war - ein Denkmal errichtet, das die benutzten „Luftkorridore“ symbolisierte. Die Berliner nannten das Denkmal „Hungerkralle“.

11 S. Kapitel „Blockade“, hier

Später kamen östliche Diplomaten auf die Idee, Westberlin zur „Freien Stadt" zu erklären. So oft dieser Begriff auch in der Terminologie offizieller „DDR-Organe" auftauchte: Er kam nicht an. Besonders bei den Westberlinern war das so. Sie dachten an Karthago oder Honkong und wollten doch lieber an der „Bundesrepublik" hängen, mochten dabei ihr eigenes Umland, die Mark Brandenburg, keinesfalls für immer verlieren.

Denn, das war doch klar: „Der Insulaner hofft unbeirrt..."

1971 schien es so weit zu sein: Botschafter der „Vier Mächte" unterzeichneten ein Abkommen, das den ungehinderten Transitverkehr über Straßen, Schienen und Wasser zwischen Westdeutschland und Westberlin garantierte, und ein Sowjet wurde etwas populär, als er Shakespeare zitierte: „Ende gut, alles gut."

Die Offiziellen - vor allem in Ostberlin - waren froh. Doch Charlotte Schnabel aus Westberlin sagte zu ihrem Mann, dem Jura-Professor Friedrich Schnabel: „Ende gut, alles gut? - Was soll das heißen? Durch unseren 'Glienicker See' geht immer noch eine Grenze, und wenn ich zum 'Alex' fahren will, brauche ich immer noch einen 'Passierschein' von denen da drüben!"

So war es: „Abkommen gut!" Doch Westberlin blieb noch eine Weile eingemauert.

36. APO

Eine der Folgen des Sonderstatus Westberlins war, dass diese „bundeswehr-freie" Halbstadt junge Männer aus „Westdeutschland" anzog, denn wer hier gemeldet war, musste nicht zum „Bund". Ansonsten gab es in der Bundesrepublik ja die Wehrpflicht: Junge Männer wurden „eingezogen" und leisteten ihren Dienst. War die Zeit beim Militär um, wurden die jungen Männer entlassen und waren fortan „Reservisten".

Neidvoll hatte der junge Friedrich Schnabel bei Besuchen in Hamburg übrigens zugesehen und - gehört, wie Horden junger Männer - eingedeckt mit Bier und Schnaps - durch den Hauptbahnhof torkelten und „Reserve hat Ruh" grölten. „So eine `Tradition´ gibt es in Berlin leider nicht.", fand Jung-Friedrich, denn für „Berliner Jungs" galt die Wehrpflicht natürlich sowieso nicht.

Die neuen „Spree-Athener" aber aus Bielefeld, Itzehoe, Hof oder wo auch immer suchten sich derweil in ihrer neuen Heimat Westberlin eine Bleibe. Oft wohnten sie „zur Untermiete" bei einst hochherrschaftlichen „Kriegerwitwen", die Platz hatten in ihren großen Wohnungen. Sie mieteten aber auch zunehmend selber und schlossen sich zu „Wohngemeinschaften" zusammen. Da saßen sie beisammen, Mädchen gesellten sich zu ihnen, und sie redeten über Gott und die Welt. Ihre ohnehin schon nicht so etatistische Weltanschauung wurde zusehends antiautoritärer und linker. Vereinigungen wie der von der SPD bald geschmähte „Sozialistische Deutsche Studentenbund" („SDS") und Lokalitäten wie der „Republikanische Club" („RC") zogen sie an, und die „FU" wurde mehr und mehr ihr intellektuelles Mekka. Nach und nach entstand so die „Außerparlamentarische Opposition" („APO"). Schließlich stürmten junge Leute über den Kurfürstendamm, hielten sich für Revolutionäre und bekundeten ihre Sympathie für den kommunistischen „Vietcong" im fernen Vietnam.

Das in einer Stadt, die von der staats-kommunistischen „SED" umzingelt war!

Westberlin war nicht länger nur „Insel der Freiheit im roten Meer“, sondern wurde zugleich die Hauptstadt der antiautoritären „APO“. Alteingesessene Berliner wüteten, und Funktionäre der sich kommunistisch wähnenden „DDR“, versuchten, diese „APO“ für sich zu instrumentalisierten: Es gelang nicht. Dass die jungen Leute die „SED“-Machthaber für „verknöchert“ hielten, gefiel dem alten Westberliner Milieu zwar. Doch als Teile der „APO“ in den Terrorismus abrutschten, ließen sie ebenso wie die meisten Staatskommunisten der „DDR“ von ihr ab.

Ein Hauch von Aufmüpfigkeit zog dennoch in die westdeutsche politische Kultur ein und bestimmte mehr und mehr das politische Klima.

Westberlin wurde Quelle einer „linkeren“ Bundesrepublik: ausgerechnet diese „Insel im roten Meer“!

37. Flensburg

Dass „Berliner Jungs“ nicht zur Bundeswehr eingezogen wurden und dass ein Umzug nach Westberlin für manchen Wehrpflichtigen aus dem „Westen“ die Rettung vor der Armee war,[12] hieß nicht, dass die Bundeswehr in Westberlin inaktiv gewesen wäre. Das Gegenteil war der Fall.

Das westdeutsche Militär hatte an Abiturienten der Westberliner Schulen durchaus Interesse. So organisierte die Bundesmarine eine Busfahrt von Westberlin nach Flensburg. Über die Interzonenstrecke zuckelte ein mit jungen Männern beladener Bus nach Schleswig-Holstein. Hoch droben in Flensburg hatte die Bundesmarine einen Stützpunkt. Die jungen Leute aus dem „Osten“ wurden mit Leiblichem versorgt und über die Berufspraxis bei der Marine aufgeklärt. Da erfuhren die Abiturienten beispielsweise, dass man auf See ohne Kenntnisse in Mathematik ziemlich gefährlich lebe.

„Oh je!“, dachte da manch selbst ernannter Aspirant. Gerade um der Mathematik endlich zu entgehen, beabsichtigte er womöglich, nach der Schule zur Marine zu wechseln. So hatte er sich vorgestellt, dort als schmucker Marineoffizier in blauer Uniform und mit weißer Mütze irgendwo an einem schönen Plätzchen in der Welt lässig an der Reling eines großen Schiffes zu lehnen, seine „Leute“ zu scheuchen und den flanierenden Mädchen zuzuwinken. Doch dann ausgerechnet Mathematik! Physik wäre auch nicht schlecht, war zu hören. Das waren trübe Aussichten, fanden manche Abiturienten – genau wie das Wetter auf See.

Jetzt half leider gar nichts mehr! Hinaus ging es bei Sturm und Gebraus mit einem Minensuchboot aufs Meer. Alles war grau, und das Schiff schaukelte wie eine Nussschale. Vor einer kleinen Übung

---

12 Freilich gab es für Wehrpflichtige die Möglichkeit der Verweigerung. Falls diese akzeptiert wurde, mussten die jungen Männer meist in sozialen Einrichtungen arbeiten.

bereitete unter Deck der Smutje eine Erbsensuppe mit Wiener Würstchen zu. Die wurde oben gereicht, doch die sonst so kessen „Berliner Jungs“ hatten keinen Appetit, denn sie kämpften mit der Seekrankheit. Sie aßen nicht. Da lästerte der Marine-Koch: „Schmeckt Euch wohl nicht meine Suppe!“

Nach der Übung an Bord ging es glücklicherweise wieder an Land, und in einem Konferenzsaal erschien ein gehbehinderter älterer Herr in blauem Tuch, der sich als „Kapitänleutnant“ – „Sie können ruhig `Kaleu` zu mir sagen!“ – vorstellte und einen langatmigen Vortrag über die Bundesmarine hielt. Am Ende dieser Vorlesung befahl er: „Weiter geht's morgen früh um acht!“ Hinzu fügte er: „Und merken Sie sich: ‘Fünf Minuten vor der Zeit ist des Soldaten Pünktlichkeit.‘“

Als der „Kaleu“ am anderen Morgen um 8:10 Uhr den Raum betrat, schallte es ihm entgegen: „Fünf Minuten vor der Zeit ist des Soldaten Pünktlichkeit!“ – Das „Schulungsprogramm“ ging weiter. Da hatten die meisten Aspiranten aus Berlin im Innern bereits entschieden, nach dem Abitur doch nicht zur Bundesmarine zu gehen.

Das Minensuchboot suchte weiterhin nach Minen im Meer, fand aber zu wenig Anhänger unter der Jugend Westberlins, um die Freiheit der Halbstadt zu garantieren.

Diesen Job mussten weiterhin Amerikaner, Briten und Franzosen an der Spree tun.

38. Amen

Eine der mit dem Entstehen Westberlins verbundenen Überraschungen erlebte die Familie Schnabel vor der Haustür. Alle Kladower Schnabels waren Mitglied der Evangelischen Kirche („EKD"), und ihre traditionelle Gemeinde war in der Dorfkirche des benachbarten Ortes Groß Glienicke beheimatet. Groß Glienicke kam nach dem Krieg zur sowjetisch besetzten Zone Deutschlands („SBZ") und wurde im Unterschied zu Berlin mit einem Teil Kladows der „DDR" zugeschlagen. Nun war die Kirche geographisch zwar im Westen, politisch aber im „Osten" gelegen. Dazwischen war die Demarkationslinie. Diese Grenze wurde unpassierbar. So lebten die gläubigen Schnabels zwar im Osten ihres Kirchengebäudes, kirchlich aber im davon getrennten „Westen". Beim Gebäude war es umgekehrt. Sie konnten zusammen nicht kommen. Die Grenze hier war viel zu dicht!

Da kam einer im politischen „Westen" auf die Idee, auf seiner Seite der Grenze eine Kapelle zu errichten, denn dem Herrn musste auch von Westberlin aus Lob und Dank gezollt werden können. So bauten sie in einem Wäldchen nahe der Grenze eine „Schilfdachkapelle" östlich der alten Glienicker Kirche, damit auch die Westler Gottesdienst halten können. Die „Schilfdachkapelle" bekam einen eigenen Pfarrer und wählte ihren Gemeindekirchenrat. Die traditionelle Dorfkirche in Berlin-Kladow bestand derweil wie eh und je. So hatte Berlin-Kladow ganz im Westen Berlins zwei evangelische Gemeinden; dafür war die Kirchengemeinde von Groß Glienicke in der „DDR" etwas geschrumpft.

So blieb das jahrelang. Einen Haken hatte diese Lösung allerdings: Der Friedhof der Gemeinde Groß Glienicke blieb dortselbst, so dass die Menschen in Berlin-Kladow von Westberlin aus zwar den Herrn loben konnten, solange sie lebten. Holte Er sie jedoch heim, musste entschieden werden, wo sie ihre „letzte Ruhe" sein sollte – in „Ost"- oder in „West"-Erde.

Jahre nach der Vereinigung Deutschlands und dem Ende Westberlins fand dieser Zustand ein Ende, indem sich die beiden evangelischen Kirchengemeinden in Kladow vereinten. Die Religion war der Politik hinterhergehinkt.

Amen!

39. Kurras

Am 2. Juni 1967 erschoss der Westberliner Polizist Kurras den Westberliner Studenten Benno Ohnesorg, als dieser vor der „Deutschen Oper Berlin" gegen den Besuch des Schahs von Persien demonstrierte.

Zuvor war die kritische Öffentlichkeit in Westberlin, besonders die Studenten, glaubhaft darüber aufgeklärt worden, dass der gerade in Persien regierende Schah ein Potentat war. Wie zum Beweis dafür erschienen in der Stadt mit langen Stöcken ausgestattete „Prügelperser", die breitbeinig und gewaltsam gegen Kritiker des persischen Regimes vorgingen.

Die Empörung war groß. Einen offensichtlich demokratiefeindlichen „Monarchen" empfing der gewählte Westberliner Senat unter der Führung des Pastors und SPD-Mitgliedes Heinrich Albertz mit allen Ehren. Man ging gemeinsam in die Oper. Ein Teil der Presse und die meisten Politiker hatten zugleich seit einiger Zeit aufgewühlte Studenten verunglimpft, sie als „Typen", „Affen" und vieles andere beleidigt. Dabei - so dachte Friedrich Schnabel - nahmen diese Studenten doch die Grundrechte in Anspruch, indem sie gegen Missstände protestierten, - mit Streiks, „Sit-Ins", „Go-Ins" und Demonstrationen.

Schnabel dachte: „Das ist bemerkenswert - Bürger der Bundesrepublik und Westberlins nehmen sich die Freiheit, trotz des Kalten Krieges Karl Marx zu lesen, den Vietnam-Krieg der weithin bewunderten USA zu kritisieren, und sie schaffen in `Wohngemeinschaften` neue Formen des Zusammenlebens. Nun also gegen das Regime in Persien." Alles das war nach dem Grundgesetz gestattet; dennoch geiferten Journalisten und Politiker gegen die angeblichen „Chaoten".

Denen war aufgefallen, dass die formal demokratische Bundesrepublik in den fünfziger und zu Beginn der sechziger Jahre etwas autoritär wurde. In der „Spiegel"-Affäre war es sogar möglich geworden, dass die Bundesregierung den Herausgeber des Nachrichtenmagazins wegen eines kritischen Artikels einsperren und einen Journalisten im Ausland festsetzen lassen konnte. Der Bundeskanzler höchst persönlich schalt die Betroffenen des „Landesverrats", bevor ein Richter darüber geurteilt hatte. Ein Minister belog das Parlament.

Das alles erregte viele besonders in Westberlin, auch Friedrich: Der formalen Demokratie in Deutschland entsprach offensichtlich keine inhaltliche. Es gab zu wenig demokratische Kultur. Manche Herrschenden dachten offensichtlich nicht demokratisch, sondern eher autoritär. Sie verhöhnten sogar die eigene Jugend und kuschelten mit fremden Potentaten.

Die Empörung darüber war Kern des Protestes vor der Oper in Westberlin.

Man erfuhr zudem, wie ungerecht auch die deutsche Gesellschaft war. Nur vier Prozent eines Jahrganges konnte das Abitur machen und anschließend studieren. Der entscheidende Faktor war die Herkunft. Die Forderung nach Chancengerechtigkeit kam auf.

Die „DDR" war für solche Kritik, die den Widerspruch zwischen Anspruch und Wirklichkeit im „Westen" beklagte, seit dem 13. August 1961 - dem Beginn des Mauerbaus - keine Alternative. Ein Regime, das seine Bürger wegsperrte, hatte sich entlarvt und wurde im Unterschied zur westlichen Bundesrepublik als reformunfähig angesehen und ignoriert. Alte Herren hatten sich in der „DDR" eine eigentlich zukunftsweisende Ideologie angeeignet und diese für ihr Machtsystem missbraucht. Es war folgerichtig, dass ein junger Mann wie Rudi Dutschke diese „DDR" verließ, um für eine bessere Zukunft werben zu können.

Ähnliche Strukturen wie in der „DDR" schien es auch vielerorts im Westen zu geben:

- Feierlich legten Professoren, darunter nicht wenige einstige Mitläufer der Nazis, ihre Roben an und fühlten sich wohl in der Herrlichkeit akademischer Selbstverwaltung und Weisheit, so wie sie es verstanden. Unter ihnen gab es einige, die Studentinnen und späteren Koryphäen ihres Fachs rieten, sich lieber um Kochtöpfe als um die Wissenschaft zu kümmern, denn diese Studenten waren Frauen!

- Bei der Polizei hatte man das Grundrecht aufs Demonstrieren noch nicht verinnerlicht. Wer auf die Straße ging, war a priori ein zu bekämpfender „Feind“, wenn er sich kritisch gegen die herrschende Ordnung äußerte. Polizeiführer bauten auf ihren Erfahrungen aus der Zeit vor 1945 auf und setzten Wasserwerfer, Schlagstöcke und Tränengas gegen Argumente ein. Ein Polizeipräsident redete von einer „Leberwursttaktik“, die gegen Demonstranten recht wirksam sei. Nicht die Gewährung der Demonstrationsfreiheit für die Bürger war das Ziel von Polizeieinsätzen, sondern die Vereitelung dieses Grundrechtes.
- In der Politik wurde nur geduldet, was von „oben“ ausgegebener Konsens war. Amerika war das Leuchtfeuer der westlichen Welt. Wer daran zweifelte, konnte nur Kommunist sein und hatte damit seine Freiheitsrechte verloren. Wie in der „DDR“ eben: Was gut war, wurde von oben her bestimmt, und was schlecht war, wurde bekämpft.

Gegen das alles zu protestieren, schien den Studenten in der westlichen „Bundesrepublik Deutschland“ und in Westberlin jedoch nicht aussichtslos zu sein. Sonst hätten sie es nicht getan.

Im Nachhinein hatte sich herausgestellt, dass der Todesschütze vom 2. Juni für den „Stasi“ - den „Staatsicherheitsdienst der DDR“ - spioniert hatte, und sogleich wurde die These aufgestellt, die Studentenbewegung hätte sich damals nicht so entwickelt wie geschehen, wenn man gewusst hätte, auf wessen Lohnliste der Westberliner Polizist noch gestanden hatte.

Prof. Schnabel, der damalige Westberliner, fragte sich: „Was sollen solche Spekulationen? Wünscht jemand die Zeiten zurück, in denen es akzeptiert wurde, dass Polizeieinsätze gegen ein Grundrecht geführt wurden, dass Professoren weibliche Studenten an die Kochtöpfe verwiesen, dass die Regierungen in Ost und West gleichermaßen bestimmten, was gut und was böse sei?“

„Was wäre gewesen, wenn?“ Das war für viele im vereinten Deutschland eine müßige Frage. Es fing damit an, dass niemand den fiktiv „optimalen“ Zeitpunkt für das Outing von Kurras nennen konnte. Vor dem Todesschuss hätte es wohl nicht sein können. Aber unmittelbar danach? Das hätte ausgesehen wie der Versuch einer billigen Entlastung der Westberliner Polizei. Wann hätte bekannt werden können, dass Kurras für den „Stasi“ arbeitete, damit sich die Studentenbewegung anders entwickelt hätte als geschehen?

„Alles müßig!“, fand der alte Schnabel.

Der Schuss auf Benno Ohnesorg war Auslöser für neue Proteste der „APO“. Dass in der Bundesrepublik oder Westberlin jemand erschossen werden konnte, weil er für seine politische Meinung demonstrierte, hätte bis zum 2. Juni niemand für möglich gehalten. „Und dass Politik und Öffentlichkeit nach dem Todesschuss nicht innehielten, dass weiter polemisiert wurde, war so fatal wie der Todesschuss selber.“, analysierte Friedrich Schnabel.

Der 2. Juni war ein weiterer Auslöser und nicht die Ursache für die Studentenproteste. Und er zeigte, wie tief Westberlin bereits in der Bundesrepublik verankert war.

40. Atze

Einer der Nachbarn der Schnabels war Polizist. Er trug den Titel „Kriminalobermeister" und arbeitete im „Kommissariat" seines Bezirkes in Berlin-Spandau. Nach 1945 war er zur Polizei gekommen, weil er im Bewerbungsgespräch erklärt hatte, er liebe die frische Luft, denn anfangen musste er als Schutzpolizist und dabei Streife laufen. So durchschritt er nach der Einstellung uniformiert und bewaffnet einen Berliner Vorort, nämlich Kladow, jahrelang per „Streife", bevor er sich zur Kriminalpolizei heraufarbeiten konnte.

Seine nunmehr neue Dienstelle bei der „Kripo" wurde von einem „Kommissar" geleitet. Der war Boss aller Kriminalpolizisten im Bezirk und der einzige „Kommissar" weit und breit. Der „Kriminalobermeister" bekam hin und wieder die Aufgabe, Kinovorstellungen zu beschützen. Dafür erhielt er zwei Eintrittskarten. So konnten er und seine Frau kostenlos ins Kino gehen. Dem „Kriminalobermeister" waren daher alle Filme der Zeit bekannt. Er war ein richtiger Kinoexperte.

Der „Kriminalobermeister" hatte Kollegen, mit denen er privat verkehrte. Einer von denen war Atze, mit dem er manche „Molle mit Korn" gezischt hatte. Immer, wenn es Gehalt gegeben hatte, gingen die Kollegen zu „Inge", einer altberliner Kneipe und hoben einige, Atze stets voran. Eines Tages – als sie so gemütlich beisammen waren – war Atze jedoch plötzlich weg. Sie suchten und suchten nach ihm und fanden ihn dennoch nicht. Auch am folgenden Tag tauchte er nicht auf.

Atze galt als vermisst. Ein Westberliner Polizist war spurlos verschwunden! Sogar die Alliierten wurden informiert. Doch so unvermittelt Atze verschwunden war, so tauchte er auch plötzlich wieder auf: Eines Morgens erschien er wie immer pünktlich „auf der Dienststelle" und wollte mit der Arbeit loslegen.

Aber das ging nicht. Zuerst waren die Kollegen und Kumpels dran: „Atze, was war los?" Dann wurde der Wiederkehrer zum Vorgesetzten gerufen, der über den Bericht ein Protokoll aufsetzte.

Und es dauerte nicht lange, bis sich die Polizeiführung mit dem Westberliner Polizeipräsidenten meldete.

Atze wurde ins Präsidium zitiert: „Was ist passiert?"

'Mal volkstümlich, 'mal bürokratisch, 'mal rapportartig gab Atze seine Geschichte zum Besten:

Mit den Kollegen habe er nach dem Gehaltsempfang heftig gebechert und wohl nicht nur ein Bierchen getrunken. Dazu habe es natürlich stets einen „Korn" (also Schnaps) gegeben, wie üblich. Irgendwann seien ihm die Sinne geschwunden. Erwacht sei er dann in fremder Umgebung.

Er befand sich offensichtlich in der Zelle eines „DDR"-Gewahrsams. Fünf „Volkspolizisten" („Vopos"), darunter scheinbar zwei Offiziere, umrundeten ihn. Obendrein sei ein Herr in Zivil erschienen. Einer der vermutlichen Offiziere nahm ihm seine Dienstpistole und die Polizeimarke ab, die er dabei hatte. Anschließend begann der Herr in Zivil eine ausführliche Befragung.

Das Ergebnis war, dass Atze irgendwie durch die Mauer gekommen und im „Osten" erwacht sei. Ein „Vopo" habe ihn aufgegriffen und zur Wache gebracht. Dort habe man ihn verhört und tagelang arrestiert. Das war - wie er bald mitbekam - alles im zum „Osten" gehörenden West-Staaken geschehen, hinter der Grenze von Westberlin also.

Nach etwa einer Woche seien die fünf „Vopos" und der Zivile zum zweiten Mal erschienen, hätten ihm die Pistole, die Polizeimarke und sein weiteres Hab und Gut zurückgegeben. Er wurde in ein Auto gesetzt. Atze habe befürchtet, er käme nach Hohenschönhausen, ins Ostberliner Gefängnis. Doch das Auto stoppte vor der Mauer, ein Türchen ging auf und hinter ihm wieder zu.

Atze war im „Westen"! Er sei nach Hause gelaufen und am nächsten Tag zum Dienst gegangen. Dort habe er seine Geschichte erzählt, die ihm offensichtlich keiner so recht glaubte. Atze tat fortan seinen Polizeidienst weiter. Ihm geschah wieder im „Westen" gar nichts.

Dem Nachbarn Schnabel hatte der „Kriminalobermeister“ - einer der Kumpels von damals - diese Geschichte belustigt erzählt. Beide glaubten nicht, dass sie wahr sei.

Was sie nicht wissen konnten: Sie war wahr! Atze blieb bis zu seiner Pensionierung im Westberliner Polizeidienst tätig. Doch befördert wurde er nicht mehr.

41. Hätte, hätte, Fahrradkette 4

„Hätte" man bald nach der Tat von Kurras gewusst, dass dieser bei dem „Stasi" war, „hätte" dieser möglicherweise kein so leichtes Spiel gehabt wie geschehen.

„Möglicherweise"...

Wahrscheinlich „hätte" man sich die Beileidsgesten der „DDR" verbeten. „Wahrscheinlich"...

Aber Kurras war ein Westbeamter. Dass er in der Berliner Polizei spionieren konnte, ist kein Ruhmesblatt für diese Behörde. Das wäre sicherlich thematisiert worden, „hätte" man damals von der „Stasi"-Aktivität des Todesschützen gewusst.

„Sicherlich"...

Eines steht fest: Eine Protestbewegung „hätte" es in jedem Fall gegeben. Es hatten zu viele symbolisch mitgeschossen. Und die Zustände in „Westdeutschland" und Westberlin waren so, dass der Protest kommen musste, um mehr Demokratie anzustreben. Das spätere Abgleiten eines Teils der Bewegung in den Terrorismus wäre wohl leider auch nicht ausgeblieben.

„Wohl"...

Wahrscheinlich, sicherlich, wohl: Tatsache ist, dass es die „APO" gegeben hatte und dass sie von Westberlin aus per Saldo die Bundesrepublik weiterentwickelt und womöglich sogar gefestigt hatte.

Die verknöcherte „DDR" aber ist untergegangen.

42. Polen

Charlotte und Friedrich Schnabel gehörten einer politischen Partei an. Ein Teil ihrer Ortsgruppe machte - es muss 1977 gewesen sein - eine Studienreise nach Polen. Die Fahrt ging nach Warschau, Krakau, Auschwitz, Kalisch und Posen. Dass ausgerechnet Westberliner sie besuchten, war seinerzeit für die Polen bemerkenswert. Die „Insulaner" fingen eben an, ihr „Umland" zu erkunden.

Von Berlin nach Warschau fuhren sie mit der Eisenbahn. Die Gruppe stieg am Bahnhof „Friedrichstraße" ein. Auf einer rot bedruckten Fahrkarte aus Pappe stand „4462 08. OKT. 1977 - Für alle Züge - Berlin Stadtbahn - Warszawa Gl via Frankfurt (Oder) Gr Slubke Gr - Poznań - Gültig 7 Monate - 2. Klasse - DM 35,80. R Bln Zoo-Garten - Bln-Stadt - Warszawa G." Unterwegs gab es Kaffee, Würstchen und rote Nelken für die Damen. In Warschau standen Busse bereit. Einer Besichtigung von Neu- und Altstadt stand nichts im Wege. Der viereckige Altstadt-Marktplatz war ansprechend restauriert. Es gab ein Straßencafé, große grüne Schirme und einspännige Fiaker zum Mieten. Die Gruppe aber fuhr zur Gedenkstätte an den Aufstand im Warschauer Ghetto und verharrte dort.

In den Ecken der Arkaden auf dem Marktplatz lauerten finstere Gestalten, die „tauschen, tauschen, tauschen!" zischten. Ein Mitreisender fiel darauf rein, gab sein „Westgeld" hin und bekam einen Riesenbündel polnischen Geldes. Im Hotel stellte er fest, dass er beschummelt worden war, denn nur der obere Schein hatte einen höheren Wert, die darunter aber nicht: Trübsal!

Die nächste Station auf der Reise war Krakau. Dort bewunderten alle die vorbildlich restaurierte Altstadt, den Marktplatz und gleich daneben die Universität.

Nach Krakau war die Gruppe als Etappe zu einem besonderen Ziel gefahren:

Auschwitz[13]

„Baracken, ein Appellplatz, die Rampe drangen auf die Besucher ein. Berge von Brillen Ermordeter. Die Ausführungen eines Überlebenden beschämten die Besucher. Einige weinten. Viele hatten Blumen mitgebracht – rote Nelken – wie sie in diesem Lande üblich waren. Diese legten sie stumm nieder. Keiner mochte anderen Gruppenmitgliedern in die Augen sehen.

Schweigen: Deutschland, das Land, aus dem die Besucher kamen, hatte sich zum Herrn über Sein oder Nichtsein anderer Nationen aufgeschwungen. Es wollte die Juden vernichten, die Sinti und Roma ebenfalls, Russen und Polen allenfalls als Arbeitssklaven dulden. Nicht nur grausame Gefangenenlager hatte es dafür errichtet und diese „Konzentrationslager" genannt. Auch Vernichtungslager waren geschaffen worden: industrielle Tötungsmaschinen für aussortierte Menschen. Davon zeugte Auschwitz.

Daheim war Willy Brandt schon nicht mehr Kanzler; Helmut Schmidt regierte gerade. Die Union war auf dem Wege, an die Macht zurückzukehren. Vertriebenenverbände wehrten sich gegen die Anerkennung der Oder-Neiße-Grenze. Deutsche Politiker wie Franz Josef Strauß bereisten China und Chile, um „deutsche Interessen" zum Vortrage zu bringen.

Die Westdeutschen begannen, sich in ihrer Nische Bundesrepublik einzurichten – weltläufiger und wohlhabender als Deutsche es je zuvor gewesen waren. Im Osten Deutschlands, in der „DDR", machten sich Büttel und Nutznießer eines verlogenen Sozialismus breit – die Mehrheit der Einwohner kuschte. Und die Westberliner schließlich hatten ihren angeblich heroischen „Freiheitskampf" in den Köpfen und fühlten sich wohl unter dem „Schutzdach" fremder Mächte. Hüben, drüben und mittendrin konnte man leben mit dem verlorenen Weltkrieg. Die Deutschen schienen sich eingerichtet zu haben.

---

13 Text (leicht verändert) aus: Jürgen Dittberner, Schwierigkeiten mit dem Gedenken. Auseinandersetzungen mit der nationalsozialistischen Vergangenheit, Opladen/Wiesbaden 1999, S. 27 ff

Auschwitz lag in einem anderen Land. Vom deutschen Westen her war es nur mit Passierscheinen, Visa und dem Überschreiten zweier „Staatsgrenzen" erreichbar.

In Auschwitz war zu sehen, wohin alles führen kann. Die „NS-Aufarbeitung" war längst nicht beendet. Der „Kalte Krieg" war auch nach Einleitung einer Dialogpolitik mit dem Osten vielen nach wie vor wichtiger als der Antinazismus. Es war Verdrängung, wenn man meinte, sich nicht direkt mit dem Nationalsozialismus auseinandersetzen zu müssen, weil es aktuell gegen den „Bolschewismus" ging. Die damals herrschende Totalitarismus-Ideologie gestattete den Deutschen im Westen, Schuldgefühle mit Antikommunismus abzubauen. Im Osten hatte man sich ideologisch ins antifaschistische Lager begeben und war überzeugt, diesmal zu den „Guten" gegen die „Bösen" zu gehören.

Von Auschwitz aus wirkte das alles gespenstisch. Wie hatten die Deutschen bequem zum Alltagsgeschäft übergehen können, nachdem das hier geschehen war? Musste man den Menschen zu Hause nicht zeigen, was in Auschwitz zu sehen war? Und was konnte man tun, damit sich Ähnliches nicht wiederholen würde?

Nun wollte man es besser machen: Nachdem die zuströmenden „Gastarbeiter" zunächst begrüßt worden waren, kamen Probleme. Denn diese „Gäste" blieben, ihre Familien zogen nach und siedelten sich an. Es bildeten sich Bürgerinitiativen gegen Ausländer. Diese operierten mit dem Begriff der „Identität". Sie reaktivierten gelegentlich die Sprache der „Nazis".

Die offizielle Politik in Deutschland veranstaltete Klausurtagungen zur Ausländerfrage. Die Deutschen sollten freundlich sein zu Türken, Italienern und Spaniern. Diese brächten schließlich den Süden ins Land und würden dabei die Drecksarbeiten erledigen, für die Deutsche sich zu schade waren: Es war eine paternalistische Einstellung zu dem Problem der Migration, geboren aus der Absicht, nicht die Fehler aus der Zeit vor 1933 zu wiederholen. Dabei ahnte noch niemand, dass eine globale Völkerwanderung auf das Land in Mitteleuropa zukommen und große Widerstände auslösen würde.

Neben der Ausländerfrage beschäftigten die deutsche Öffentlichkeit rechtsradikale Vorfälle. Hakenkreuzschmierereien Jugendlicher kamen immer wieder vor. Dagegen entwickelte sich eine Gedenkkultur mit Forschungen und Gedenkstätten.

Dann wurde vorgeschlagen, dass Schüler und Jugendliche einmal im Leben eine „KZ"-Gedenkstätte besuchen sollten. Deutsche Landesparlamente fassten entsprechende Beschlüsse. Doch auch das führte zu mancherlei Missverständnissen zwischen den Generationen in Deutschland.

Beim Besuch in Auschwitz entstand und entwickelte sich der Wunsch, etwas gegen Wiederholungen zu tun. Daraus erwuchs mannigfach die Chance, das Gedenkwesen zu entwickeln. So institutionalisierte sich eine eigene Gedenkszene in Deutschland, die dann allerdings auch manchen Irrweg beschritt..."

Auschwitz hatte betroffen gemacht.

Die Reise ging weiter. Die Gruppe fuhr nach Kahlisch („Kalisz") - eigentlich nur, weil es in Berlin-Wilmersdorf eine Kahlischer Straße gibt.- In der Nähe von Kahlisch fand ein Besuch in einem Staatsgut für Saatgut statt.

Bei Kattowitz besuchten die Reisenden ein Hüttenwerk. Das Werk wurde vorgestellt, und jeder Besucher bekam die Miniausführung einer Grubenlampe geschenkt.

Den Abschluss der Reise bildete ein Besuch in Posen, wo die Gruppe im „Interhotel" nächtigte. Auf dem Programm stand ein Operettenbesuch: „Zigeunerbaron". Nicht alle Reiseteilnehmer gingen hin. Ihnen war das Programm wohl zu kleinbürgerlich.

Hinterher im Hotel floss jede Menge Wodka. Den gab es in Polen reichlich.

Vor der Reise hatten vermeintliche Landeskenner Polens gewarnt: „Singt bloß nicht ´Polenmädchen`! - Das erinnert sie dort an den deutschen Überfall." In Polen selbst hatte die Gruppe nicht nur einen von der Volksrepublik gestellten politischen Reiseleiter, sondern auch einen touristischen. Und der bat gleich zu Anfang der Reise und zur Überraschung der Reisenden:

„Singt doch bitte das Lied vom 'Polenmädchen'!"

43. Die M-Bahn

In Berlin fuhr zwischen den Stationen „Gleisdreieck" und „Kemperplatz" keine U-Bahn mehr. Westberlin aber wollte hoch hinaus. Also errichtete man für eine „Magnetbahn" eine Fahrstrecke auf Stelzen mitten in der Stadt und zwischen den Stationen. Auf dieser fuhr ab 1984 eine „M-Bahn" im Versuchsbetrieb und von 1989 bis 1991 mit Passagieren - also Fahrgästen der „BVG".

Nach „S" und „U" mithin „M"!

Beim Senat machten sich besonders ein Staatssekretär und ein Beamter für das Gefährt stark. Die Zukunft lockte. Schon sahen Befürworter der neuen Bahn die Westberliner allenthalben über ihre Halbstadt schweben. Wieder einmal würde der „Osten" Augen machen!

Doch da ruckte es. Zuerst brach ein Feuer aus und zerstörte einen Prototyp der neuen Bahn. Später sauste ein Wagen über seinen Haltepunkt hinaus und offenbarte eine weitere Schwäche des Projektes. Aber Westberlin ließ sich nicht Bange machen. Die Fahrgäste strömten, zahlten und betrachteten ihre Stadt von oben.

Alles schien in Butter zu ein. Es fehlte nur noch die Zulassung.

Aber da kamen die Vereinigungen Deutschlands und Berlins. Die U-Bahn fuhr wieder auf der alten Strecke und hielt an den alten Stationen. Statt oben zu schauen, saßen die Fahrgäste unten im Tunnel und brauchten elektrisches Licht, um überhaupt etwas sehnen zu können.

Es war das Ende der „M-Bahn": Berlin würde also doch nicht oben schweben...

44. Schöneberg

„Schöneberg" war einst ein Verwaltungsbezirk im Westen Berlins und zuvor eine selbständige Gemeinde. „Schöneberg" wurde dann vorübergehend Synonym für das politische Zentrum Westberlins.

Hier - mitten in der Halbstadt - steht das „Rathaus Schöneberg", einstiger Sitz des „Abgeordnetenhauses" und des „Senats" von Berlin. Im Rathausturm hängt noch immer die „Freiheitsglocke" - ein Geschenk aus den USA. Das Landesparlament hatte hier seinen Plenarsaal mit der „Brandenburghalle" als Lobby. Im Rathaus residierte ebenfalls der Regierende Bürgermeister. Wer das Foyer betrat, hatte die Wahl: Rechts ging eine große Treppe zum Reich der Legislative, und die linke Treppe führte ins „Allerheiligste" der Exekutive.

Vor dem Gebäude war ein großer Platz - ursprünglich der „Rudolph-Wilde-Platz"[14], auf dem zweimal in der Woche Markt gehalten wurde. Nach der Ermordung des amerikanischen Präsidenten erhielt dieser Platz 1963 den Namen John F. Kennedy, und ein Park in der Nähe erinnert seitdem an den Schöneberger Bürgermeister. Vis-a-vis vom Rathaus befanden sich Geschäfte und Restaurants. Eines davon trug bei Abgeordneten den Spitznamen „Schweinebacke". Bei „Schweinebacke" wurden - auch fraktionsübergreifend - informelle politische Gespräche geführt, um Beschlüsse der offiziellen Gremien vorzubereiten. Denn im Rathaus Schöneberg tagten selbst auch die Fraktionen, die Parlamentsausschüsse, die Arbeitskreise und die Führungsorgane der politischen Parteien der Stadt. Hier tauchte eines Tages eine neue Partei auf, die sich „Alternative Liste" nannte: Daraus wurden später die „Grünen". Das Rathaus war eben der Arbeitsplatz aller Politiker.

Westberlin war „Schöneberg"!

---

14 Rudolph Wilde war der erste Bürgermeister Schönebergs.

Sogar Politiker aus dem fernen Amerika sollen zum Wochenmarkt vor dem Rathaus gepilgert sein, um dort die legendäre „Currywurst" zu essen. An Tagen ohne Wochenmarkt parkten Autos auf dem Platz, und ein Landesabgeordneter wollte einst dem Polizeipräsidenten das Gehalt sperren lassen, weil Polizisten seinen Wagen in einer Verbotszone erspäht und einen Strafzettel ausgestellt hatten. - Auf dem einstigen „Rudolph-Wilde-Platz" fanden sich vor dem Schah-Besuch die „Prügel-Perser" ein, um dort versammelte Berliner Bürger mit langen Stöcken zu vermöbeln. - Vom „Rathaus Schöneberg" aus wandten sich Willy Brandt und andere Westberliner Promis an Bürger der Stadt, um denen die Lage zu erklären. - Selbst der amerikanische Präsident war hier. -Zur „Wiedervereinigung" schließlich erschien die politische Prominenz Deutschlands auf dem Balkon, um herrlich falsch die Nationalhymne zu singen und über den Platz schallen zu lassen.

Westberlin hieß in Politikerkreisen „Schöneberg", und dieses „Schöneberg" hatte mit der Vereinigung der Stadt ausgedient. „Schöneberg" ist seitdem nur noch ein Ortsteil der deutschen Hauptstadt.

Der Berliner Politzirkus zog ins „Rote Rathaus" ins weiter östlich gelegene Berlin-Mitte um und startete mit einem „Maginat"[15] wieder einmal in eine neue Zeit...

---

15 Wohl witzig gemeinte Abkürzung der wieder Gesamtberliner „Regierung" aus Magistrat (Ostberlin) und Senat (Westberlin)

45. Westberliner Kosmos

Die Welt in Westberlin war überschaubar. In erster Linie bestand sie aus zwölf Bezirken: Tiergarten, Kreuzberg, Charlottenburg, Wilmersdorf, Reinickendorf, Spandau, Steglitz, Zehlendorf, Neukölln, Schöneberg, Tempelhof und Wedding. Rundherum war das „rote Meer".

Weit im Osten lag Moskau und dahinter die asiatische Steppe bis nach Japan. Der Westen begann in Helmstedt. Er war zuerst deutsch, dann französisch und nach dem Atlantik amerikanisch. Südlich und nördlich davon lagen portugiesische, spanische, italienische, griechische sowie britische und skandinavische Territorien. Vor Japan - irgendwo da - lugten Asien mit dem geheimnisvollen Riesenreich China und dem märchenhaften Indien hervor, dahinter grüßten Australien und Neuseeland. Canada gehörte irgendwie zu den USA, und darunter weiter südlich gab es Südamerika. Zwischen dem Norden und dem Süden schwamm die kecke Insel Kuba. Südlich von Europa schließlich - nach dem Mittelmeer - lag Afrika in gleißender Sonne. Es gab auch kleinere Gebiete. Die schienen in der Welt aber keine große Rolle zu spielen. Auch liebten die Westberliner Österreich - „Felix Austria", das Ferienland - und die Schweiz, wo sie ein lustiges Deutsch sprachen.

Die zwölf Bezirke und das „rote Meer" rundherum waren die alltägliche Welt der Westberliner. Jeder wusste, dass das „Rathaus Schöneberg" im gleichnamigen Bezirk lag und dass der Regierende Bürgermeister dort residierte, dass man in Tempelhof vom Flughafen aus den überschaubaren Kosmos verlassen konnte, dass der alte „Reichstag" in Tiergarten lag, dass Steglitz einen skandalträchtigen „Kreisel" hatte, dass in Zehlendorf überwiegend feine Leute wohnten, in Neukölln dagegen mehr weniger feine, dass die Menschen in Kreuzberg oft alternativ waren, dass der Grunewald in Wilmersdorfs wuchs, dass in Charlottenburg ein Preußenschloss stand, dass in Reinickendorf der „Flughafen Tegel" erbaut worden war, dass

Spandau eigentlich „bei Berlin" lag, und bekannt war auch, dass der Wedding früher einmal „rot" gewesen sein soll.

Dieses Westberlin war das alltägliche Bild der Insulaner; alles andere war Rahmen. So lebten und wohnten mehr als zwei Millionen Menschen. Wären es nicht so viele gewesen, hätten sich alle kennen und grüßen müssen - wie auf dem Dorf. Westberlin war aber kein Dorf. Die ganze Welt wusste von dieser merkwürdigen Halbstadt und nahm Rücksicht darauf. Der „Osten" behandelte die Insel wie ein rohes Ei, nicht ohne ab und zu - meist folgenlos - daran zu kratzen. Der „Westen" leistete sich das Ei, und doch fragten sich etliche dort, wie man auf so einer Insel überhaupt leben könne.

Man konnte! Es gab ja „Schultheiß" und „Berliner Kindl"-Bier; es gab Currywurst und Döner; es gab die „Korridore" in den „Westen". In den „Osten" konnte man mit „Passierschein" fahren; es gab das „Strandbad Wannsee" und das „Rotlicht-Viertel" am Stuttgarter Platz; es gab U-, S-Bahnen sowie Busse; es gab das „Schiller-Theater" und die „Deutsche Oper"; es gab Weihnachtsmärkte, die APO, den „Sender Freies Berlin", „Holliday on Ice", alliierte Militäraufmärsche, Frauenhäuser, genügend viele „Kitas", die „Industrie-", die „Funkausstellung", und im Winter kam immer die „Grüne Woche".

Außerdem hatten die Berliner stets ein großes Maul: „Wenn wir Berge hätten, wären sie schöner als in Bayern!"

Alles war da!

46. „Waaahnsinn“

Es war der 9. November 1989. Professor Schnabel und Kollegen hockten im Rektorat der „Freien Universität Berlin“ beisammen, um den Haushalt der Fakultät für das Jahr 1990 zu besprechen. Da platzte jemand in die Runde mit einer elektrisierenden Botschaft: „Die Mauer ist auf! Sie haben die Mauer geöffnet!“

Der Haushalt der Fakultät war plötzlich egal. Alle stürmten davon.

Schnabel fuhr zum „Brandenburger Tor“ und wurde Zeuge von bis dahin unvorstellbarer Szenen. Auf der Mauer standen, saßen, krabbelten junge Menschen. Sie waren bunt gekleidet, manche hatten Flaschen oder Zigaretten dabei. Einer spielte auf einer Gitarre dort oben das „Deutschlandlied“, und es war so laut, dass man ihm kaum folgen konnte.

Immer auf's Neue erklommen Menschen den bislang so verhassten und in aller Welt bekannten angeblichen „Schutzwall“ der „DDR“. Deren Grenzer wagten vereinzelt eigene kleine Kletterpartien auf die Westseite des „Schutzwalls“. Da standen sie in ihren Uniformen - manche offensichtlich empört, andere aber belustigt über das unerwartete Treiben an der „Staatsgrenze“.

Die jungen Menschen da oben auf der Mauer kamen offensichtlich aus Westberlin. Sie johlten, tanzten und lärmten. Einer kletterte von der Mauerkrone herunter. Er war außer Atem, schwitze und rief immer wieder in die vom Westen her anwachsende Menge: „War bis Friedrichstraße. Niemand hat mich aufgehalten - juchu!“

Schnabel rief bei Charlotte in Kladow an: „Du, die Mauer ist auf!“- „Nee, glaub' ich nicht!“ - „Mach' doch den Fernseher an!“ - Tatsächlich! Im Fernsehen liefen Bilder über die Maueröffnung - offensichtlich auf allen Kanälen.

Anderntags zogen beide Schnabels früh los. Zuerst suchten sie den ihnen bekannten „Grenzübergang“ in der Heinrich-Heine-Straße auf. Da waren Menschen über Menschen versammelt. Die

Schranke aus aus dem „Osten“ her war permanent geöffnet. Sie ließ eine lange Schlange von Zweitaktern Richtung „Westen“ passieren. Die Fahrer der „Trabbis“ und „Skodas“ hatten meist die Fensterscheiben heruntergekurbelt, ließen ihren mit einer glühenden Zigarette scheinbar verwachsenen linken Arm heraushängen und riefen in die vielen dargereichten Mikrophone: „Wir wollen nur ‘mal zum Ku‘damm - gucken! **Waaahnsinn**! Nachher fahren wir wieder zurück!“

„Brav so.“, dachte Frau Schnabel.

Vor der Mauer drängelten sich deutsche und ausländische Medienteams, missachteten alle eigentlich immer noch geltenden Verkehrsregeln. Uniformierte aus „West“ und „Ost“ standen ungläubig dabei. So etwas hatten sie noch nie erlebt.

Szenenwechsel: Schnabels fuhren zum Kurfürstendamm. Beiderseits des Mittelstreifens dieses vielbesungenen Boulevards schlichen Zweitakter. Hin und her! Die Luft war blau von Abgasen und stank. Immer wieder rissen Passanten von den Bürgersteigen auf beiden Seiten des Boulevards oder vom Mittelstreifen aus und klopften strahlend vor Freude auf die Kofferhauben der Vorbeifahrenden. Und die strahlten ebenfalls.

Die Stimmung war revolutionär. Hier wurde offenbar: Ossis und Wessis hatten sich gleichermaßen über die Vereinigung von Land und Stadt gefreut. Ihnen fiel etwas wie ein Fels vom Herzen.

Westberlin hörte auf zu existieren!

Wie viele ehemalige „Bürger der DDR“ reisten Tage danach ins einstige Westberlin? Vetter Malte kam aus Kyritz an. Ihn zog es in den Supermarkt, und er ging in eine „Aldi“-Filiale. Enttäuscht kehrte er zu Charlotte und Friedrich zurück: „Ich habe nichts gekauft. Konnt‘ mich nicht entscheiden bei dem überreichen Angebot. Alles gab‘s mehrfach. In der ‘Kaufhalle‘ gefällt‘s mir besser. Wenn‘s da überhaupt ‘was gibt, dann nur eine Sorte!“

Nach dem revolutionären Höhepunkt kam nun die mühsame Ebene der Aufarbeitung.

Für „Ost“ und „West“!

DAS EREIGNIS
Die Vereinigung –
Ein Prozess

47. 1989

1989 wurde Deutschland (wieder)-vereint. Zuvor hatte der „Westen“ propagiert: „Dreigeteilt niemals!“ Gemeint mit den drei Teilen Deutschlands waren

1. der „Westen“ - auch „Westdeutschland“ genannt,
2. der „Osten“ - auch „Mitteldeutschland“ genannt,

und

die „Gebiete jenseits von Oder und Neiße“ - auch „Ostgebiete“ genannt.

Der „Westen“ war die „Bundesrepublik Deutschland“ - die „BRD“,

der „Osten“ war die „Deutsche Demokratische Republik“- die „DDR“, und die „Ostgebiete“ waren die einstigen deutschen Provinzen „Ostpreußen“, „Schlesien“, „Pommern“ und „Ostbrandenburg“.

Nur: „Dreigeteilt? - Von „Westberlin“ war ja gar nicht die Rede!

Für den „Westen“ änderte sich 1989 wenig. Für den „Osten“ dagegen änderte sich einiges: So galten fortan Werte und Normen der westlichen Bundesrepublik. Arbeitsplätze, Wohnungen und oft der soziale Status der Menschen mussten neu gefunden werden. Die „Ostler“ mussten sich in eine neue Gesellschaft einfinden. Dazu schickten Westländer „Leihbeamte“ in die Verwaltungen der „Neuen Bundesländer“. Diese besetzten höhere Posten im öffentlichen Dienst, um den „Ostlern“ beibringen zu können, wie „demokratische Verwaltung“ geht. Die niederen Stellen durften die ostdeutschen Bediensteten der im Übrigen „abgewickelten“ „Bezirke“ der „DDR“ behalten. Die „Leihbeamten“ wurden zudem im „Osten“ oft befördert - ein daheim schwer erfüllbarer Traum für viele: So mancher Beamte aus Düsseldorf eroberte in Potsdam fix jenes Amt, das er zu Hause nie erreicht hätte.

Und die Berliner insgesamt? Ihre Stadt wurde, wie das Land vereint; Ostberlin kam zu Westberlin, und Berlin wurde ein richtiges Bundesland. Als „Hauptstadt der DDR" hatte Ostberlin ausgespielt. Übergangsweise regierte ein „Maginat"[16] die Stadt. Doch schließlich wechselte die Verwaltung der bisherigen westlichen Stadt vom „Schöneberger" ins „Rote Rathaus" in Berlin-Mitte – also ins bisherige Ostberlin. „Groß-Berlin", wie es 1920 geschaffen worden war, wurde wieder hergestellt. Die Zweistufigkeit der Stadtadministration wurde beibehalten; Berlin wurde „regiert" von „Bezirken" wie „Pankow" oder „Charlottenburg" einer- und vom Senat mit seiner „Hauptverwaltung" andererseits.

Die früheren Ostberliner durften zum Kurfürstendamm fahren, dort je 100,- DM einmalig (!) kassieren und in jedes Mikrofon sagen: „Wir fahren aber wieder zurück!" Einstige Westberliner umrundeten frei und unbehindert ihre Stadt auf dem einst zur „DDR" gehörenden „Berliner Ring"; und sie fuhren ohne jede Kontrolle nach Nauen oder Cottbus.

Immer wieder ertönte es: „Wahnsinn!"

Das alte „Westdeutschland" lebte weiter wie bislang. Man hatte hattet ein paar Ländereien geschluckt – „na und?" Damit die im „Osten" es mit der Wirtschaft endlich richtig machten, wurde die „Treuhand" gegründet – im vorauseilenden Gehorsam von „Ostlern". Die neue Firma wurde von einer ehemaligen Ministerin aus dem „Westen" geleitet und nahm einstige „DDR"-Betriebe unter ihre Fittiche. Die meisten ehemaligen „DDR"ler fanden das richtig, denn es war bekannt, dass die kapitalistische „Westwirtschaft" besser funktioniert hatte als die zentralverwaltete Ostwirtschaft.

Derweil stritten sich in Potsdam ehemalige Landeskinder untereinander bitterlich darüber, ob der Untergang der „DDR" gut oder schlecht gewesen war. Die Parteien hielten sich die Waage.[17]

„Mitteldeutschland" suchte seinen Weg; „Westdeutschland" behielt den seinen bei. Die Politik machte einen ehemaligen „Ossi"

---

16 Wortungetüm: Zusammensetzung von „Magistrat" (bislang Ostberlin) und „Senat" (Westberlin)

17 S. Jürgen Dittberner, Berlin Brandenburg und die Vereinigung, Berlin 1994

zum Bundespräsidenten des vereinten Landes, und eine Frau aus Templin wurde Bundeskanzlerin. Es nützte nichts: Fast ein viertel Jahrhundert später mahnten immer mehr „Ossis" eine eigne Identität an. Bevor „blühende Landschaften" im „Osten" überhaupt heranwachsen würden, sollte ein gesamtdeutscher Oberbau geschaffen werden.

Doch was wurde aus Westberlin? Einst hieß es „Ihr Völker der Welt: Schaut auf diese Stadt!" Das Freiheitspathos verflog, und ein Bürgermeister der schon wieder vereinten Stadt versuchte, einen unerwarteten Niedergang der Gesamtstadt schön zu reden. Berlin sei „arm, aber sexy", behauptete er. Viele Junge aus dem „Westen" glaubten das, fühlten sich angezogen und siedelten in Kreuzberg, Mitte oder Prenzlauer Berg an.

Das alte Berlin verschwand beiderseits des „Brandenburger Tores" - ein neues wollte entstehen. Es kam eine Phase der Aufarbeitung. Die Vereinigung der Stadt konnte nicht mit einem Knall bewältigt werden. Sie erwies sich als oft quälender Prozess:

- Erfolgreiche Institutionen - auch des vergangenen Westberlins - sollte es an den Kragen gehen. Manch einer meinte, damit die neue Gesamtstadt retten zu können.
- In der Zeit der Teilung Versäumtes wurde nachgeholt.
- Die Gesamtstadt suchte eine andere Kultur als die der untergegangenen Teile.

Es begann die Suche nach einer neuen Identität. Die dauerte länger als gedacht. Die neu-alte Hauptstadt des gesamten Staates vernachlässigte manchmal, dass jede an der Spree erwählte Lösung auch „draußen im Lande" (wie Politiker gerne sagten) Akzeptanz finden musste. Denn Berlin war nicht mehr allein.

Allmählich wurde klar:

Die alte produktive Arbeiter- und Kleinbürgerstadt würde sich verändern. Weder New York noch Moskau stünden weiterhin im Zenit. Aber was?

Feststand nur: Goldkettchen und Trainingsanzug sind passé.

48. Deutsche Oper Berlin

1960 wird es wohl gewesen sein: Zwei Berliner Studenten besichtigten mit dem Bauleiter das Zuschauerhaus der im Wiederaufbau befindlichen Charlottenburger Oper. Nach den Plänen des am Bauhaus orientierten Architekten Fritz Bornemann wurden Farb- und Raumgebung neuartig gestaltet. Die Wände wurden mit hochwertigem Zebrano-Holz verkleidet. Die Akustik sollte einmalig gut werden. Die Stein-Fassade außen hatte ihre Wirkung auf die Besucher der Baustelle schon gehabt. Jeder sah: Hier entstand ein Opernhaus, das die besondere Atmosphäre von Ort und Zeit manifestierte.

Der Ort:

Das Opernhaus entstand wieder in Charlottenburg, als Bürgeroper. 1912 hatte die Stadt Charlottenburg diese Einrichtung gegründet. Neben der „Kroll-Oper" und der Königlichen Hofoper wurde die „Städtische Oper" bald eine tragende Säule des Opernlebens in Berlin. Künstler wie Bruno Walter und Heinz Tietjen führten das Charlottenburger Haus zu höchstem künstlerischem Niveau. 1943 wurde es zerbombt. Nach 1945 startete man zunächst im „Theater des Westens". Aber der Wiederaufbau war bereits vom Magistrat beschlossen worden.

Die Zeit:

Am 24. September 1961 war es so weit: Das Opernhaus an der Bismarckstraße war wiederhergestellt und wurde mit „Don Giovanni" eröffnet. Da war die Stadt gespalten, der „Osten" vom „Westen" durch die Mauer getrennt. Die „Städtische Oper" hieß nun auf Vorschlag von Ferenc Fricsay „Deutsche Oper Berlin" und wurde ein Leuchtturm im Kampf um die Selbsterhaltung Westberlins. Diese Oper war in allen Räumen neu konstruiert – modern und ästhetisch ansprechend gestaltet, ihr Entré ebenso wie der Zuschauerraum waren demokratisch orientiert. Vor allem: Diese Oper strahlte mit Intendanten wie Gustav Rudolf Sellner oder Götz Friedrich sowie mit Dirigenten und Sängern gleichen Kalibers.

Was wäre aus Westberlin geworden ohne diese Oper? Die „Deutsche Oper Berlin" hatte sich zu einer nationalen Institution entwickelt.

Nach der Vereinigung stand diese Oper in Berlin in Konkurrenz mit den beiden anderen Opernhäusern der Stadt, der „Staatsoper" und der „Komischen Oper". Es gab nicht wenige Kritiker, die ihr dabei die Aschenbrödel-Rolle zuschreiben wollten. Dass diese Oper existiert, sagten manche, sei doch nur eine Folge der Teilung. Wie falsch sie damit lagen, zeigte die Bedeutung der Charlottenburger Bürgeroper vor dem Zweiten Weltkrieg, als sie ihren Rang in der Berliner Opernlandschaft erobert hatte.

Weniger beim Publikum, mehr dagegen bei Wortführern des Kulturbetriebes im vereinten Berlin, ist die die „Deutsche Oper" gelegentlich ins Visier gerückt. Einigen galt es als schick, die Architektur dort als kalt, schlicht und ungemütlich zu bezeichnen. Doch wo steht geschrieben, dass Opern in Gebäude gehören, die mit Stuck und Putten verziert sind? Die „Deutsche Oper" hat ihre eigene Feierlichkeit in der Architektur, denn die Zeit ihres Entstehens war eine andere als die von Opernhäusern, die von Monarchen „gestiftet" worden waren. Der politischen und künstlerischen Lage Deutschlands 1961 hatte der Bau in der Bismarckstraße auch für die Zeit nach Westberlin Sinn und Form gegeben. Dieses Opernhaus hebt sich eben ab von wilhelminischen Bauten, die in anderen Städten anzutreffen sind. Berlin kann darauf wie auf seine „Philharmonie" stolz sein und muss seine Schätze auch nach der Vereinigung nicht herabwürdigen lassen.

In gewisser Weise ist das Haus in der Bismarckstraße praktischer als viele seiner Konkurrenten. Man kann überall gut hören und sehen. Kommt es bei einer Oper nicht darauf an? Ist der Operngang für viele etwa noch gesellschaftliche Staffage?

Dieses Opernhaus – mit dieser Architektur, bürgerschaftlichen Geschichte und einstiger politischen Bedeutung für Berlin und Deutschland – sollte nach den Vorstellungen einiger Kulturfunktionäre der Stadt sein Repertoire aufgeben und sich mit anderen Häusern außerhalb Deutschlands in einen kostensparenden Produktionsverbund begeben. Die „Deutsche Oper" sollte ihren künstlerischen Fundus vernichten und obendrein die Mehrzahl ihrer Mitarbeiter auf die Straße setzen. Man wollte dieses Haus zur Ader lassen, damit die anderen leben können.

Zum einen ist es fragwürdig, dass in Berlin bald nach der Vereinigung gedacht wurde, man müsse das Kulturangebot der Stadt reduzieren. Unter anderem von diesem Angebot lebt die Stadt auch nach der Vereinigung.

Besucher kommen von überall her. Werden moderne Stücke aufgeführt, kommen Kenner aus Breslau und Warschau. Stehen anerkannte Inszenierungen auf dem Programm, reisen Zuhörer aus New York, London oder Stockholm an. Sie wollen nicht sehen, wie sich die politische Klasse der „Berliner Republik" zur Schau stellt. Sie wollen künstlerische Qualität erleben.

Zu den „alten Inszenierungen" aus dem Repertoire: Wenn sie in der Deutschen Oper „Tannhäuser" in der Einstudierung von Götz Friedrich gaben, war das Haus immer voll. Im Publikum hörte man Englisch, Französisch und viele deutsche Dialekte. Wer wollte die Barbarei begehen, diese Inszenierung in den künstlerischen Mülleimer zu werfen?

Trotz alledem hatten sich einige publizistisch Tätige entschlossen, von den drei Opernhäusern vor allem das bürgerlichste, demokratischste – das Haus an der Bismarckstraße eben – niederzuschreiben. Gab es hier eine Neueinstudierung, so ließen Rezensenten vorab gerne ihrer Unkenntnis über Form und Geist des Hauses freien Lauf. Die klaren Formen des Foyers wurden als kalt und nicht festlich diffamiert. Der mit wertvollem Holz und zurückhaltenden Farben gestaltete Saal wurde als billiger Guckkasten hingestellt. In diesem Rahmen, so war gelegentlich weiterzulesen, sei wieder einmal eine Inszenierung misslungen. Opernkenner indes, die sich schon lange nicht mehr an den sich elitär gebärenden Rezensionen orientierten, erlebten oft beglückende Aufführungen.

Was war davon zu halten, wenn beispielsweise bei der Oper „Germania" ein Verriss in der Zeitung stand, während bei der zweiten oder dritten Vorstellung die „Bravos" aus dem Publikum kamen?

Mussten sich die Rezensenten ein neues Publikum suchen, wenn ihnen das gegebene nicht gefiel? Die Zeiten sind vorbei, in denen sich das Publikum nur an Kritikern orientierte.

Anfang der sechziger Jahre, als die zwei Berliner Studenten den Opernbau in Charlottenburg besichtigten, waren sie stolz. Die Hülle und das Leben in ihr trafen den Geist von Zeit und Raum. Diese Institution mit bürgerschaftlicher Herkunft prägte einen Teil des geistigen Lebens in Westberlin und im geteilten Deutschland, gab Anregungen und Impulse. Zählte solche Vergangenheit nach der Vereinigung nichts mehr? Brauchte das vereinte Land so etwas nicht?

Die „Deutsche Oper Berlin“ in der Bismarckstraße ist eines der wenigen wertvollen Erbstücke Westberlins für Gesamtdeutschland.

49. Scientology

Die „Scientologen“ hatten im einstigen Westberlin, im Ortsteil Charlottenburg, ihre Zentrale für ganz Deutschland eröffnet. Sie taten das im Rahmen einer weltweiten Strategie, in allen Hauptstädten solche Zentralen betreiben zu wollen, um sich von dort auszubreiten. Nach deutscher Rechtsprechung waren die Scientologen keine Kirche. In anderen Ländern waren sie als Religionsgemeinschaft anerkannt, so in den USA - ihrem Herkunftsland - in Italien, Spanien oder in Neuseeland. Nach deutschem Verständnis handelte es sich bei den Scientologen um eine Psycho-Sekte, die nach den Regeln ihres Gründers L. Ron Hubbard - einem Science-Fiction-Autor - Mitglieder mit Psychotechniken wie „Auditing“ oder fragwürdigen Gerätschaften wie dem „E-Meter“ an sich binden und dafür viel Geld einnehmen wollte. Die Resonanz in Deutschland war gering.

In Berlin soll Scientology 200 Anhänger gehabt haben. Nach der Eröffnung der Einrichtung in Berlin war die Öffentlichkeit besorgt. Besonders Anwohner fürchteten sozialen Druck, vor allem auf Kinder.

Der Bezirksverordnete Karl Schnabel fragte sich: „Was ist zu einer solchen Organisation zu sagen, was ist zu tun?“ Er dachte sich:

„1. Obwohl `Scientology` vielfach von Verfassungsschützern beobachtet wurde, obwohl es in Hamburg eine staatliche Arbeitsgruppe zur Aufklärung über die Psycho-Sekte gab, liegen - soweit bekannt - keine grundlegenden Gerichtsurteile gegen „Scientology“ vor, ist diese Institution nirgendwo im Lande verboten. Es handelte sich um eine legale Organisation, der die Behörden schwerlich etwa das Anmieten von Immobilien verbieten können. Entsprechend verhalten sich die Berliner Behörden, wie Aufzeichnungen über eine Bauausschuss-Sitzung der „BVV Charlottenburg-Wilmersdorf“ belegen:

´Vertraulich berichtet <der> Stadtrat…,[18] dass die Scientologen an der Otto-Suhr-Allee eine Immobilie erworben haben. Sie beabsichtigten nun, dort `Werbung` zu installieren, und rechtlich sei da kaum etwas zu machen, meint der Stadtrat. Eine Debatte gibt es nicht.´

Dass nunmehr Gesamtberliner Berliner Behörden nach Veröffentlichungen einer lokalen Zeitung erklärten, sie seien erst durch diese informiert worden, überraschte und bedurfte der Aufklärung: Wusste der Baustadtrat von Charlottenburg-Wilmersdorf eher über die „Scientology"-Zentrale als der Innensenator Berlins?

Da die „Scientologen" keine Kirche waren und mithin nicht unter dem Schutz der Religionsfreiheit standen, trugen sie die Bezeichnung „Kirche" zu Unrecht. Es wäre daher zu prüfen gewesen, ob man den entsprechenden Schriftzug an der „Otto-Suhr-Allee" unterbinden konnte, denn in Deutschland assoziieren viele Menschen mit dem Wort „Kirche" Gutes und Gerechtes.

2. Es schien mithin so zu sein, dass Berlin die Präsenz von „Scientology" in der „Otto-Suhr-Allee" hinnehmen und sich nun prüfen musste, wie man damit umgehen und insbesondere, wie man vermeiden konnte, dass Bürger durch Psychodruck gefährdet würden.

Generell darf keine Organisation versuchen, Menschen physisch oder psychisch abhängig zu machen. Deswegen hatte Berlin die Pflicht, zu untersuchen, in welcher Weise Bürger durch das Zentrum in Charlottenburg gefährdet werden könnten. Die Öffentlichkeit wäre zu informieren.

Darüber hinaus hätte das Bezirksamt aktiv werden sollen und sich am Bezirk Mitte in Hamburg orientieren:

´…'Scientology'-Mitglieder dürfen im Bezirk Mitte Passanten unter anderem nicht mehr ansprechen, anhalten oder zum Kauf von Broschüren motivieren. Diese und ähnliche Aktivitäten hat das Bezirksamt Mitte der Scientology-Organisation unter Androhung eines Zwangsgeldes von 2.500 Euro untersagt. Insbesondere ist der

18 Name weggelassen

Scientology-Organisation untersagt worden, zu veranlassen oder es auch einfach nur zu dulden, dass ihre Mitglieder Passanten ansprechen, anhalten, am Weitergehen hindern oder auf sonstige Weise so zu beeinflussen, dass sie Bücher, Zeitschriften oder Broschüren entgegennehmen oder kaufen …´"

„Scientology" in Deutschland war eine Folge der Annäherung der Kulturen in der westlichen Welt. Deutschland hatte erlebt, wie stark der „Nationalsozialismus" als „politische Religion" Menschen indoktrinieren und psychisch abhängig machen konnte. Deswegen sollte man hier gegenüber „Scientology" skeptischer sein als die USA.

Die USA selber wiederum leiten ihre Herkunft unter anderem vom Wirken von Glaubensgemeinschaften ab, die in Europa verfolgt und zum Auswandern getrieben wurden. Sie sind daher ungezwungener gegenüber Einrichtungen wie „Scientology".

Karl – nun gesamtdeutsch denkend – resümierte:

„Wir müssen andere verstehen, dürfen sie nicht verurteilen, sondern sollten den Dialog suchen."

Die alte Eindimensionalität Westberlins half nicht mehr bei der Lösung neuer Probleme.

50. Kiezpolizei

Aus vielen „westdeutschen" Gemeinden kannte man auch in Westberlin die Ordnungsämter. Sie kümmerten sich um die Einhaltung der kommunalen Vorschriften, halfen dem einen oder anderen Bürger auf die Sprünge, wenn er meinte, Regeln würden nur für andere gelten. Die Ordnungsämter sollten helfen, das Gemeindeleben bürgerschaftlich aufrecht zu erhalten. Nicht mit dem Gummiknüppel, sondern auf der Ebene der Gemeinde in nachbarschaftlichen Gesprächen sollte für Recht und Ordnung gesorgt werden.

In Westberlin gab es solche Ordnungsämter nicht. Das lag am Sonderstatus. Dann wurde die Bildung von Ordnungsämtern doch beschlossen. Da die Stadt auch nach der Vereinigung vor allem ein Bundesland und keine richtigen Kommune war, wurde die Zuständigkeit für die Ordnungsämter an die nach Kompetenzen lechzenden Verwaltungsbezirke gegeben. Und dort tat sich Verwunderliches.

Wie in Berlin zwischen den Bezirken üblich, wurde die Zuständigkeit überall anders realisiert. ´Mal verleibte sich ein Bürgermeister das neue Ordnungsamt ein, ´mal der Wirtschafts-, ´mal der Baustadtrat. In einigen Fällen gab es heftiges Verlangen nach der Zuständigkeit, und Konkurrenz kam auf. Offenbar waren die Stadträte oft nicht ausgelastet, sonst hätten sie nicht nach zusätzlichen Kompetenzen gedürstet.

Am auffälligsten war der Teil der Ordnungsämter, den der Volksmund „Kiezpolizei" nannte. Die Kiezpolizei sollte Falschparker ermahnen, Hundebesitzer an den Leinenzwang für die vierbeinigen Lieblinge und das Kotverbot für diese erinnern. Überhaupt: Allzu dreiste Nutzung öffentlichen Raumes für Privates war einzudämmen. Gewalt anwenden freilich sollten die Ordnungsämter nicht, denn es ist ein genereller zivilisatorischer Fortschritt, dass Gewalt gegen Bürger der Polizei vorbehalten ist.

Es ging vor allem um Parken und um Parks. Alle Berliner kannten die adretten Hostessen, die seit Jahren anstelle von Polizisten „Knöllchen" - also Strafzettel - verteilten. Das sollte nun die

Kiezpolizei tun. Ältere Berliner kannten sogar noch die „Grünspechte" – in grüne Anzüge gesteckte Rentner, meist mit einem Krückstock mit und einer Dienstmütze ausgestattet, die in den Parks der Nachkriegsstadt für Recht und Ordnung sorgten. Auch das sollte jetzt die Kiezpolizei machen. – Vieles kehrt wieder, wenn auch im neuen Gewand.

Einige der für die Ordnungsämter zuständigen bezirklichen Stadträte im einstigen Westberlin hatten sich durch die Reform zu „Kiezpolizeipräsidenten" gemausert. Welches Ressort sie immer bisher verwalteten: Jetzt bauten sie ihre Armadas auf. Uniformen zuerst, Dienstfahrzeuge danach – anfangs kleine „Smarts", dann kamen größere PKWs und selbst Lastwagen.

Alle Kiezpolizeiautos erhielten auf blauem Grund die Aufschrift: „Ordnungsamt". Wie es sich für moderne Zeiten gehörte, waren die Autos zudem geleast, und für manchen „Kiezpolizeipräsidenten" war es das schönste, selbst mit einem dieser Wagen seinen Dienstgeschäften nachzugehen – ganz wie die großen Brüder, die sich gerne in Polizeihelmen mit Schlagstöcken abbilden ließen.

Und dann ging es ran an den Speck! Im Park ließ Oma Meyer ihren Spaniel freilaufen, damit er sich besser lösen konnte. Als sie ermahnt wurde, bekam sie einen Riesenschreck und tat das nie wieder. – Da kam der Bodybildner Bob Body mit seinem ihm wie aus dem Gesicht geschnittenen Kampfhund. „Den ansprechen? Bis die Polizei hier ist, ist der weg." – Schüler jagten per Fahrräder über die Wiese: „Wollt Ihr wohl?" Schon waren sie verschwunden. – Auf den Straßen gab es bessere Erfolgserlebnisse: Parken in zweiter Spur vor dem stadtbekannten Ökoladen? „Aufschreiben!" – Vom Händler aufgestellte Fahrradständer auf dem Gehweg? „Weg damit!" – Kompost vor dem Gemüseladen? „Stinkt womöglich: Geht nicht!"

Die richtige Polizei war offensichtlich zu lasch. „Was heißt hier Kontaktbereichsbeamter?" Recht muss Recht bleiben, und wenn der Blumenhändler darunter leidet: Der Bezirk sorgte ab jetzt für Ordnung. Getroffen hatte es die „Kleinen" unter den Händlern, denn die Ketten hatten ihre eigenen Parkplätze.

Im einstigen Westberlin hatte der Stadtrat und „Kiezpolizeipräsident“ keinen Kämmerer an der Seite, der ihm vorrechnen könnte, wie viel weniger im Stadtsäckel klingelt, wenn man das Gewerbe drangsaliert. „Das Geld kommt doch von oben!“, meinten die Stadträte. Also dachte jeder „Kiezpolizeipräsident“ lieber darüber nach, ob er seine „Leute“ auch in Zivil rausschicken könne: „Kiezkriminalpolizei“ gewissermaßen.

Einige fragten schon: „Wann wird es so weit sein, dass Mitarbeiter eines Ordnungsamtes in ihrer Freizeit ein `Kiezpolizeiorchester` aufmachen?“ Das könnte bei öffentlichen Auftritten die „Berliner Luft“ intonieren, träumte mancher Stadtrat.

So richtig es war, dass auch das kommunale Recht durchgesetzt werden musste, so vernünftig war es, den Grundsatz der Verhältnismäßigkeit der Mittel und des Ermessens zu beachten. Davon hätte besonders im Westen Berlins mehr Gebrauch gemacht werden können. Dafür zu sorgen, wäre weniger spektakulär gewesen als blau beschriftete Autos und Exempel auf den Einkaufsstraßen.

Es war nicht gut, den finanzpolitisch „blinden“ Berliner Bezirken – diesen Scheinregierungen ohne Kämmerer die Kiezpolizei zu geben. Besser wäre es gewesen, die Ordnungsämter als eine Abteilung beim Polizeipräsidenten anzusiedeln. Da wären sie in der Nähe des richtigen „Know Hows“ gewesen. Die Bau- und Wirtschaftsstadträte hätten sich mehr ihren eigentlichen Aufgaben zuwenden und beispielsweise dafür sorgen können, dass in der Stadt mehr gebaut würde und dass der Exodus der kleinen Gewerbetreibenden aufgehalten würde.

Die Stadträte hätten halt mehr bürgernahe Politik als einst im erstarrten Westberlin betreiben können.

51. Tod einer Mutter und eines Babys

Im Jahrbuch des Landesarchivs Berlin für 1962 steht: „6.12.1962. In der 100. Sitzung des Abgeordnetenhauses ... erklärt die Senatorin für Jugend und Sport, Ella Kay, ihren Rücktritt im Zusammenhang mit dem durch Misshandlungen von Seiten des Pflegevaters erfolgten Todes zweier Kinder in einem Zehlendorfer Kindernest. Die Senatorin unterstreicht ihre parlamentarische Verantwortung für die Genehmigung dieses Pflegenestes durch das Landesjugendamt, die sie zu tragen bereit sei, um ihre Mitarbeiter zu schützen, die in gutem Glauben gehandelt hätten."[19]

Einen solchen Rücktritt vergisst eine Verwaltung ihrer Chefin nie.

2007 waren in der Westberliner Rognitzstraße eine drogenabhängige Mutter und ihre sechswöchige Tochter tot aufgefunden worden. Beide waren unter sozialarbeiterischer Betreuung. Nach dem Vorfall in Berlin-Charlottenburg wollte jetzt keine Senatorin, kein Senator, keine Stadträtin und kein Stadtrat zurücktreten. Es würde nichts nützen. Die Zeiten hätten sich geändert.

Aber das klare Handeln der Ella Kay machte damals deutlich, dass der Tod eines in staatlicher Obhut befindlichen Kindes ein so schwerwiegendes Ereignis ist, dass man es nicht mit Routine übergehen kann. So etwas verlangt Innehalten gerade der Politik. Und dann auch noch der Tod der Mutter!

Die politische Verantwortung für das Wohlergehen der Jugend sollte nicht verwischt werden durch Zuständigkeitswirrwarr. Wissenschaft, Schule und Gesundheit sind wichtige Themen. Aber das Jugendwohl und der Mutterschutz stehen über ihnen. Dem Zeitgeist folgend war die Politik in Westberlin seinerzeit von diesem Grundsatz abgewichen.

Der Bezirksverordnete Karl Schnabel fragte in seiner „BVV-Charlottenburg-Wilmersdorf" nach und erfuhr: Es hätte sich

---

[19] Landesarchiv Berlin Jahrbuch 1962, Eintrag 6.12.1962, Berlin 1962

durchgesetzt, dass Jugendhilfe, Familienpolitik und Mutterrecht als gleichwertig betrachtet würden. Im Konfliktfall, so sah es das betroffene Bezirksamt, sollten die Sachbearbeiter der Behörden oder Freien Träger entscheiden, welches Prinzip Vorrang hätte. Die Politik sollte sich heraushalten. Im Falle der beiden Toten in der Rognitzstraße hatte man sich für das mildere Mutterrecht - vielleicht auch mit Blick auf das Kindeswohl - entschieden.

Im Nachhinein wusste man: Das war falsch.

Die Politik durfte sich in Konfliktfällen aus der sozialen Betreuung nicht heraushalten. Sie hätte Prioritäten setzen müssen. Die oberste Priorität gebührte dem Leben und dann dem Jugendschutz. Kinder und Jugendliche waren schließlich das Wichtigste, was dem Staat anvertraut werden konnte. Das Kind der drogensüchtigen Mutter hätte dieser mithin gar nicht überlassen bleiben dürfen: Es hätte in die Obhut des Kinderschutzes kommen müssen.

Der Bezirksverordnete Schnabel aber erfuhr von vielen Fällen der Kindesmisshandlung und des Kindestods. Das hatte längst die Diskussion ausgelöst, ob es Aufgabe der Öffentlichkeit sei, die Lebensumstände von Kindern - auch in Familien - zu überprüfen. Schnabel fand, es sei die Pflicht des Staates, solche Überprüfungen lückenlos vorzunehmen. Wenn behauptet wurde, ohne Grundgesetzänderung ginge das nicht, dann war das Unsinn. Es gab Zeiten unter dem Grundgesetz, als jedes Neugeborene an seinem Lebensplatz von der Fürsorge besucht wurde. Das war offensichtlich rechtlich möglich und jedenfalls sozialpolitisch angemessen. Das Grundgesetz gebot auch 1977 in Westberlin den Kinderschutz. Es musste nicht geändert werden.

Seinerzeit wurde vorgeschlagen, ein Betreuungssystem zu etablieren, das nach einem „Bonus-Malus-Prinzip" funktioniere. Das erschien Schnabel jedoch ungeeignet, weil es jene Fälle nicht erreichen würde, bei denen es Eltern egal war, ob sie Transferleistungen erhalten oder ob diese ihnen entzogen würden. Daher wäre eine Pflichtkontrolle bei allen Kindern nach wie vor erforderlich, meinte Schnabel.

„Liberal" wäre es im Übrigen überhaupt nicht, die Freiheit Einzelner so weit zu tolerieren, dass sie anderen - noch dazu Schwächeren - schaden können. Der Bezirksverordnete Schnabel fand daher, dass wie folgt verfahren werden sollte:

1. Der Tod eines Kindes und seiner Mutter verlangt grundsätzliches Innehalten der Politik.
2. Politische Verantwortlichkeit für Jugend und Familie ist so wichtig, dass sie nicht mit anderen Zuständigkeiten gekoppelt werden sollte.
3. Die Politik hat der Fachwelt bei Konflikten über die Betreuung Prioritäten zu setzen.
4. Die oberste Priorität gehört im Zweifel dem Jugend- und Familienschutz.
5. Es ist die Pflicht des Staates - auch in Westberlin, die Kontrolle jedes Neugeborenen zu garantieren.
6. Die Kontrolle Neugeborener muss vollständig sein und darf keine Ausnahmen zulassen.

Es gab aber keine Garantie, dass sich Schlimmes wie in der Rognitzstraße nicht wiederholte. Doch die Wahrscheinlichkeit, dass so etwas geschah, wäre gesunken, wenn von allen Zuständigen die sechs Punkte beachtet worden wären.

Der Bezirkspolitiker Schnabel war skeptisch, dass es beim selbst Gesamtberliner „Lari-Fari" je dazu kommen würde.

Westberliner Spuren ließen sich nicht einfach löschen.

52. Gebietsreform

Ost- und Westberlin brachten zusammen 23 Bezirke in die wieder vereinte Stadt ein. Daraus wurden nach der Vereinigung der Stadthälften im Jahre 2001 zwölf Bezirke. Das nannte sich „Gebietsreform“, mit der sich Berlin auf die beabsichtigte - und später gescheiterte - Fusion mit dem wiedergegründeten „Land Brandenburg“ (Landeshauptstadt: Potsdam) vorbereiten wollte. Eine Bezirksbürgermeisterin lästerte: „12 Bezirke = 12 Apostel“.

Welcher Bezirk wegen seiner Größe weiterbestehen durfte - wie Spandau und Köpenick etwa - und welcher mit wem vereint wurde, bestimmte die Landespolitik. Nicht immer waren die „alten“ Bezirke mit der Fusion überhaupt oder dem zugedachten „neuen“ Partner einverstanden. Es gab bezirkliche „Zwangshochzeiten“.

So mussten sich die ehemaligen Westberliner Bezirke Charlottenburg und Wilmersdorf zwangsweise „vermählen“. Da war vieles zu klären:

1. Doppelstrukturen waren zu vermeiden. Entweder wurde ein Amt aufgelöst oder nach dem Muster „Aus zwei mach eins!“ aufgebläht. Die Mitarbeiter der aufgelösten Ämter bekamen „kw-Vermerke“ in die Personalakten. „kw“ stand für „kann wegfallen“, also „nicht erneut besetzbar“. Der Vermerk bezog sich auf die Stelle und nicht etwa auf die Person…
2. Es konnte nur einen bezirklichen „Regierungssitz“ geben - also nur ein Rathaus und nicht deren zwei oder gar drei.
3. Der neue Bezirk musste einen Namen bekommen. So gehörte sich das - auch in diesen Zeiten. Am häufigsten einigten sich die Bezirkspolitiker auf Doppelnamen. Das war am wenigsten kontrovers, denn Doppelnamen waren gerade hoch im Kurs. So wurde aus Charlottenburg und Wilmersdorf nicht etwa „Charlie und Willi“, auch nicht „Weststadt“, sondern „Charlottenburg-Wilmersdorf“.

4. Pikant war die Frage, wer aus welchem Herkunftsbezirk die neue politische Einheit präsentieren sollte – also Bürgermeister oder Bürgermeisterin würde. Zur üblichen parteipolitischen Arithmetik kam eine bezirkliche hinzu.
5. Wer – Frau oder Mann – aus welcher Partei und aus welchem Altbezirk es dann wurde, durfte fortan an den Sitzungen des politisch schwächsten Gremiums in Berlin teilnehmen – des zahnlosen „Rates der Bürgermeister".

Alles war etwas kompliziert, aber Berlin bekam es schließlich hin. Das lag zum großen Teil auch daran, dass die Landesebene – Abgeordnetenhaus und Senat – die Sache finanziell betrachtete, und durch die „Gebietsreform" sparte. Doppelt- und Dreifachstrukturen wurden abgeschafft, und der Gesamtberliner Finanzsenator freute sich, denn sein Chef, ein fröhlicher „Regierender" Gesamtberlins, hatte der Republik ja verkündet, Berlin sei „arm aber sexy".

Auf Landesebene freilich wurde nicht gespart. Die Bezirke mussten „bluten". So konnte einmal auf der „Grünen Woche" kein Federvieh gezeigt werden, denn das zuständige bezirkliche Gesundheitsamt war vom Senat soweit abkassiert worden, dass es die Bevölkerung nicht vor der grassierenden „Vogelgrippe" schützen konnte.

Aus Träumen von einst waren halt Schäume geworden.

Übrigens, viele Träume Berlins wurden nach der Vereinigung zu Schaum. Nur ein Traum blieb: Berlin wollte wieder Hauptstadt ganz Deutschlands werden.

Diesen Traum erfüllte der Bundestag am Rhein!

53. Krakau oder Kracauer?

Krakau ist eine Stadt im Süden Polens mit rund 750.000 Einwohnern. Sie ist 630 km von Berlin entfernt, und man kann sie in etwa sechs Stunden mit dem Auto erreichen. Von Krakau nach Auschwitz sind es gut 68 km, was man in einer Stunde schaffen kann.

Siegfried Kracauer hatte mit Krakau nichts zu tun. Er wurde 1889 in Frankfurt am Main geboren und starb 1966 in New York. Von April 1930 bis Februar 1933 hatte Kracauer die Berliner Redaktion der „Frankfurter Zeitung" inne. Er siedelte später nach Paris um. 1941 immigrierte Kracauer von Lissabon in die USA, wo er den Rest seines Lebens verbrachte.

Kracauer entstammte einem kleinbürgerlichen jüdischen Elternhaus. Dass er nicht nach Auschwitz kam, verdankte er seinen Übersiedlungen ins Ausland. Kracauer war einer, der vor den Nazis geflohen war, denn er hatte sie in seiner Berliner Zeit früh durchschaut. Er war nicht „nur" Journalist, sondern auch ein Vordenker.

Kracauer war mit den Geistesgrößen seiner Zeit „vernetzt". Theodor W. Adorno gehörte zu seinen Freunden. Max Horkheimer, Thomas Mann und andere setzten sich für seine Einwanderung nach Amerika ein. Ende 1939 war er in Europa kurzzeitig interniert. In den USA arbeitete er unter anderem für die „Voice of America" und war „Research Director" an der Columbia Universität. 1960, nach Besuchen in seiner alten Heimat, beschloss er, nicht mehr nach Deutschland zurückzukehren.

Kracauer war ein Großer. 2009 machte eine „Initiative Ehrung Siegfried Kracauer" den Vorschlag, Kracauer durch den Bezirk Charlottenburg-Wilmersdorf in Berlin zu ehren. Gedacht war an eine Ehrentafel in der Sybelstraße 35, wo Kracauer gewohnt hatte oder die Benennung eines Platzes bzw. einer Straße nach ihm.

Im Blick war der Holtzendorffplatz. Dieser trug seinen Namen seit dem 4.9.1910 zu Ehren des Juristen Franz von Holtzendorff (1829 - 1889), der ab 1857 als Professor für Rechts- und

Staatswissenschaft in Berlin und ab 1873 als Universitätsprofessor in München tätig war. Er veröffentlichte ein „Handbuch des deutschen Strafrechts". Also hätte man eigentlich einen ehrenwerten Mann zugunsten eines anderen verdrängen müssen. Aber in diesem Falle wäre das nicht so schlimm, denn ganz in der Nähe - beim Amtsgericht - gab es die Holtzendorffstraße, die den Juristen ebenfalls ehrte.

- Die Alternative lautete: „Tafel oder Platz für Kracauer?" In der zuständigen Bezirksverordnetenversammlung („BVV") von Charlottenburg-Wilmersdorf ging ein Antrag ein, Kracauer durch eine Tafel zu ehren. Andere dort dachten an den Holtzendorffplatz. Beraten werden sollte alles in einem „Denkmalbeirat", im „Gender"- und im „Kulturausschuss" sowie am Ende im Plenum der „BVV".
- Da kamen Bedenken auf: Einige Bezirkspolitiker meinten, es ginge überhaupt nicht, einen Platz nach einem Manne zu benennen. Es würden ohnehin zu wenig Frauen öffentlich geehrt: Pech für Kracauer, dass sein Vorname Siegfried war und nicht Siegried!
- Einige schlugen vor, neben Siegfried auch Lili Kracauer zu ehren. „Lili-und-Siegfried-Kracauer-Platz" sollte es heißen. Zwar war Lili Kracauer keine Jüdin. Sie war aber mit ihrem Mann nach Frankreich und in die USA gezogen. Posthum hatte sie obendrein zusammen mit dem Historiker Paul Oskar Kristeller 1969 die Geschichtstheorie ihres Mannes unter dem Titel „History. The Last Things Before the Last" herausgegeben.

All dieses wurde in und zwischen den Fraktionen der bezirklichen „BVV" beraten und problematisiert. Mittlerweile hatten die Jüdische Gemeinde zu Berlin, das Deutsche Literaturarchiv in Marbach, die Stiftung „Topografie des Terrors" und das Literatur-Haus Berlin die Ehrung Siegfried Kracauers im Bezirk Charlottenburg-Wilmersdorf freudig begrüßt.

Da es aber hinter den Kulissen nicht voran ging, lud die Initiative für Kracauer die bezirklichen Fraktionen zu einem Gespräch ein. Zunächst kam ein Experte zu Wort, der trotz des Lobes für Lili Kracauer davon abriet, sie zugleich mit ihrem Manne zu ehren. Sie hätte das nicht gewollt.

Dann wurde beraten, ob „Lili-und-Siegfried-Kracauer-Platz" zu lang sei, so dass kein Schild ausreichen würde. Das führte zur scheinbar rettenden Idee. Es sollte einfach „Kracauer Platz" heißen. Allen feministischen und Gender-Hindernissen schien man damit ausweichen zu können.

Doch dazu kamen neue Einwände: Der Platz könnte als Hinweis auf die Stadt missverstanden werden. Denn wer wisse schon, dass es in diesem Fall „Krakauer Platz" hätte heißen müssen - mit „k"! Neben dem „Breslauer Platz" würde das Publikum geistig im Nachbarland bleiben und keine Sekunde an die Kracauers denken, weder an Lili noch an Siegfried, sondern nur an Wurst.

Die Debatte nahm einen makabren Verlauf. Hatte es doch Kracauer selbst in seinem Leben geschafft, nicht in die Nähe von Krakau zu geraten, wo ihn die Nazis bestimmt gerne gehabt hätten.

Derartige Debatten blieben nicht nur auf einen Berliner Bezirk beschränkt. Nach der Vereinigung versuchte auch das ehemalige Ostberlin, einiges von diesem Westberliner „Erbe" zu ergattern. Im Bezirk Berlin-Mitte gibt es eine „Mohrenstraße". Ein U-Bahnhof hat den gleichen Namen. Daran entfachte sich eine Debatte, diese Straße umzubenennen. Dabei wissen vielleicht nicht alle vor Ort, dass es auch einen „Sarotti-Mohr" gibt. Der ist klein, trägt einen Turban und erinnert an den „Kleinen Muck". Ist das der Namensgeber der Mohrenstraße? Dann könnte der Name doch bleiben...

Es war, als sei das Muster manchen Westberliner Debattenchaos` nach Ostberlin übergeschnappt

54. Wessis und Ossis

Das Publikum wunderte sich: Fünfzehn Jahre nach der deutschen Vereinigung standen an der Spitze der beiden deutschen Großparteien „Ossis". CDU und SPD waren schließlich vierzig Jahre lang „Bonner Parteien" gewesen. Als solche - auch wenn mancher sich gewehrt hatte - haben sie sich nach 1989 in der zu den „neuen Ländern" mutierten „DDR" breit gemacht. In den Parteien galt jedoch anfangs wie in der gesamten Republik: Das Sagen hatten die „Wessis";

- -erstens, weil sie die Sieger waren und
- -zweitens, weil sie sich die Mehrheiten gesichert hatten.

Das System, die Erfahrung, das Geld und die Methoden kamen aus dem Westen, und es galt als ausgemacht, dass die „Ossis" im Eilverfahren alles noch erlernen sollten.

Die Parteivorsitze und die Regierungen blieben in westdeutscher Hand. Bei der SPD waren alle Nachlassverwalter des Erbes von Willy Brandt Wessis: Hans-Jochen Vogel, Björn Engholm, Rudolf Scharping, Oskar Lafontaine, Gerhard Schröder und Franz Müntefering.

Bei der CDU herrschte Helmut Kohl acht Jahre lang weiter über die nach dem Land auch vereinigte Partei. Ihm folgte nach seinem Abgang 1998 der Baden-Württemberger und ehemalige „Kronprinz" auch als Kanzler, Wolfgang Schäuble.

Da putschte Angela Merkel, die Generalsekretärin und das „Mädel aus dem Osten" gegen Kohl und Schäuble. Sie setzte sich zum Erstaunen westlicher Netzwerker an die Spitze der alten Adenauer-Partei.

Eine Ostdeutsche - geschieden, kinderlos und evangelisch! Das hielten viele der Unions-Karrieristen in den ehemaligen West-Ländern nicht aus. Also wurde der Dame 2002 der CSU-Bayer Edmund Stoiber als Kanzlerkandidat vorgesetzt. „Lieber einer aus dieser komischen 'Schwesterpartei' und aus Wolfratshausen an der

'K-Spitze' als eine Pfarrerstochter aus Templin!", sagten sich die CDU-Granden aus dem Westen.

Aber Stoiber - der vom legendären Franz Josef Strauß („FJS") Geschulte - schaffte es nicht. Er zog sich halb schmollend, halb triumphierend angesichts heimischer Wahlergebnisse nach Bayern zurück. Da zögerte er weiter, ob er Präsident der EU-Kommission, Bundespräsident, noch einmal Kanzlerkandidat werden oder doch lieber Ministerpräsident in Bayern bleiben wollte - im „schönsten Amt auf der Welt". Derweil rang ihm Angela Merkel - die kühle Physikerin aus nunmehr Berlin-Mitte - allmählich den Rang ab. Sie wurde die „Nummer eins" im Unionslager. Stoiber landete nach einem virtuellen Ausflug in die deutsche Hauptstadt am Ende als Kopie seiner selbst wieder in München, wo die Diadochen schon aus der Deckung gekommen waren.

Gerhard Schröder wiederum - der aus westlichen „Juso"-Zeiten Trainierte - behielt 2002 die Macht und setzte eine „Hartz IV" genannte Veränderung des Sozialsystems durch, wodurch zuerst die eigene Partei erschüttert, dann die Betroffenenszene verwirrt und emotionalisiert und am Ende er selber verdrängt wurde - zuerst aus dem Amte des SPD-Vorsitzenden, dann aus dem Kanzleramt. Franz Müntefering, sein sozialdemokratischer Schatten, musste schließlich vor den führenden Sozialdemokraten für die „Basta"-Politik büßen und war darüber so empört, dass er den SPD-Vorsitz - das „schönste Amt nach Papst" - hinschmiss. Da rollte über die Glienicker Brücke Matthias Platzeck aus Potsdam heran und setzte sich an die Spitze der SPD. Kein Zweifel, dass der SPD-Parteitag ihn auch gewählt hätte.

Aber es kam mit der „Großen" Koalition so, dass mit Angela Merkel - ursprünglich aus Templin - und Matthias Platzeck aus Babelsberg zwei „Ossis" an der Spitze der Politik in Deutschland standen. Friedrich Schnabel aus dem ehemaligen Westberlin fragte sich: „Wie konnte das geschehen, und 'verostet' die Republik?"

Das war übertrieben. Zwar standen „Angie" und der „Deichgraf" vorne in der politischen Riege, aber danach gab es noch viele „Wessis". Merkels Stützen in Berlin hießen Wolfgang Schäuble und Michael Glos - zwei alte Bekannte aus der „Bundesrepublik" vor

1989. Und hinter Platzeck standen Kurt Beck, der Pfälzer und Ute Vogt, die einstige sozialdemokratische Südwest-Hoffnung.

Die FDP wurde - wenn auch schlingernd - vom Rheinländer Guido Westerwelle geführt. Bei den „Grünen" teilten sich Renate Künast, die Westberliner Pflanze und Fritz Kuhn aus Südwest die Führung. Sogar bei der ostdeutsch dominierten „Linkspartei" PDS wurde die Fraktion gleichberechtigt zwar vom ehemaligen „SED"ler Gregor Gysi - dem Parade-„Ossi" - aber zugleich vom ehemaligen SPDler von der Saar, dem „Wessi" Oskar Lafontaine, geführt.

Warum konnten sich Merkel und Platzeck gegen die eingeübtesten Seilschaften durchsetzen und in ihren Parteien die ersten Plätze besetzen? - Dass sie beide in Brandenburg aufwuchsen, dürfte Zufall sein: Es hätte auch Thüringen oder Mecklenburg sein können. - Dass sie beide Naturwissenschaftler waren, hätte den vielen Juristen und Lehrern in der Politik zu denken geben können. Gebraucht wurde nicht nur die Kunst der Rechtsauslegung und die Fähigkeit zur Betroffenheitsrhetorik, sondern mehr das positive analytische Denken.

Auch dass sie nach der „Wende" nicht gleich zu den Großparteien liefen, sondern zuerst zum „Demokratischen Aufbruch" (Merkel) und zu „Bündnis 90" (Platzeck) und dass sie jeweils von dort zu Quereinsteigern bei der CDU und der SPD wurden, hatte ihnen offensichtlich genützt. Frisches politisches Denken, frischer politischer Stil waren in den Altparteien offenbar nicht verbreitet.

Geholfen hatte den beiden sicher auch, dass sie in der Anfangszeit ihrer Westkarrieren einflussreiche und engagierte Förderer aus dem „Osten" hatten: Merkels Mentor war Rainer Eppelmann und Platzecks Ziehvater Manfred Stolpe. Diese hatten in der ehemaligen „DDR" Mut gemacht und dort vorgelebt, wie es gehen kann.

Was Merkel und Platzeck den jeweiligen westdeutschen Altnetzwerkern vor allem voraushatten: Sie hatten ein Leben ohne Politik gelebt, ohne die alte „Bundesrepublik", bevor sie von der westdeutsch geprägten Politik vereinnahmt wurden. Das gab ihnen Lebenserfahrung und eine Stärke, über die die vorherigen „Juso-" und „Junge-Union-Sozialisierten" nicht verfügten. Diese „Wessis" kannten nur ihre Partei, und sie waren ihr Leben lang nichts anderes als deren Funktionäre.

Was soll auch Menschen befähigen, ein Land zu führen, wenn sie ihr Leben lang nichts anderes getan haben, als an ihren Karrieren zu basteln, Beziehungen zu knüpfen, die Partei als Ersatzwelt zu begreifen? Von allem, was „draußen im Land" geschieht, wissen sie oft nur aus zweiter Hand - aus den Medien, aus Umfragen, aus ihren internen „Runden". Selbst die Korrektivfunktion der Mitgliederversammlungen ihrer Parteien, wo auch Nichtpolitiker das Wort ergriffen - war aus der Mode gekommen. So hat sich im „Westen" allmählich ein Politikertyp nach oben gemauschelt, der zwar das politische Subsystem aus dem „Effeff" kannte, Politik am Ende aber doch nicht konnte.

Das ist noch nicht einmal schuld dieser ehemaligen „Westpolitiker". Sie konnten nicht dafür, dass sie keine Erfahrungen aus der Geschichte mitbrachten wie die ersten deutschen Politiker vom Format Konrad Adenauers, Kurt Schumachers oder Theodor Heuss`. Schuld der „Nachwende-Politiker" ist es natürlich auch nicht, dass kein Erlebnis wie der Krieg sie prägte. Das jedoch war bei Helmut Schmidt, Helmut Kohl und Hans-Dietrich Genscher der Fall. Aus dem Kriegserlebnis heraus hatten sie ihre politischen Ziele und Werte abgeleitet. Sie wollten dafür wirken, dass es nie wieder dazu kommen möge.

Dass die Netzwerkpolitiker an ihrer Sozialisation unschuldig sind, erspart ihnen nicht die Beurteilung, dass sie im Kern ungeeignet sind für die Politik. Sie haben keinen inneren Kompass, sind - wie David Riesman es formulierte - „außengeleitet" durch Umfragen, Quoten, Wahlen, Medien. Sie schaffen es nicht, den Sozialstaat zu reformieren.[20] Dennoch müssen sie immer so tun, als könnten sie es. Darunter leiden sie, und sie stürzen sich mehr und mehr in ein von Terminen diktiertes Politikerleben.

Es ist ein Hundeleben. Zeit zum Nachdenken, Abwägen, in Zweifel ziehen gibt es nicht. Weiter, immer weiter! Dann geschieht es gelegentlich, dass sie auf dem falschen Fuß erwischt werden,

---

20 S. David Riesman, Die einsame Masse - Mit einer Einführung von Helmut Schelsky -, Hamburg 1960

dass es nicht so läuft, wie sie sich das gedacht hatten. Dann laufen sie wie kleine Kinder oft einfach davon. So tat es Lafontaine, so taten es Schröder, Müntefering und Stoiber. Alle Welt sah plötzlich: Ihr Ego war ihnen wichtiger als die Gemeinschaft.

Das Publikum musste sich also nicht wundern, wenn Menschen wie Platzeck oder Merkel in solcher Lage nach vorne kamen: Diese kannten ein anderes Leben als die Politik, konnten eins und eins zusammenzählen und wussten, dass ein politisches System plötzlich zusammenbrechen kann und dass dennoch die Welt nicht untergeht. Sie hatten - dank ihrer Biografie - das von Max Weber für den Stand der Politiker geforderte „Augenmaß“[21]. Ob sie freilich in der Lage waren, politische Konzepte für die Fortentwicklung des Landes zu definieren, ist eine andere Frage.

(Aber vielleicht sagte ihnen ihre Erfahrung, dass sie dazu die Größe aufbringen müssten, die jeweils besten Köpfe des Landes zusammen zu rufen. Und vielleicht wussten sie auch, dass die besten Köpfe nicht jene sind, die am lautesten rufen oder diejenigen, welche den Medien am publikumswirksamsten erscheinen.)

Die politischen Parteien hätten die Erfolge von Angela Merkel und Matthias Platzeck zum Anlass nehmen können, die Art der Rekrutierung ihrer politischen Führer zu reformieren. Nicht wer nach dem Studium gleich zu einer Stiftung geht, danach Referent einer Fraktion, dann selbst Mandatsträger wird und irgendwann einmal als „ministrabel“ klassifiziert wird, hat den Marschallstab im Gepäck, sondern eher derjenige, der außerhalb der Politik sein Leben bestanden hat und danach in die Politik wechselt. Natürlich gilt das für Männer und Frauen gleichermaßen...

Die Politikfunktionäre klassischer „westlicher“ Art waren zumeist Autisten. Sie meinten, wie sie es dachten, sei es richtig und fielen aus allen Wolken, wenn Widerspruch aus der Scheinwelt ihres Umfelds kam. Widerspruch aus der richtigen Welt dagegen störte sie weniger: Die da draußen wüssten es halt nicht besser, glaubten sie. Solche Politikertypen braucht das Land immer

21 Max Weber, Politik als Beruf, Stuttgart 1999

weniger, und deshalb setzten sich mehr und mehr andere durch: innengeleitete Menschen.[22]

Das Schicksal der Ostdeutschen hatte diesen die Chance gegeben, solche Alternativen anzubieten. Mindestens zwei von ihnen hatten dabei Erfolg. Das eingefahrene westdeutsche politische System wurde dadurch ein klein wenig aufgebrochen.

Prof. Schnabel, der Westberlin durchlebte hatte, erkannte: „Noch einmal wird die Geschichte eine derartige Chance nicht bieten. Deswegen müssen die Parteien selbst Mechanismen schaffen, durch die `Quereinsteiger` gefördert werden."

Ob diese aus dem „Osten" oder aus dem „Westen" kommen – oder aus dem „Süden" oder dem „Norden", sollte zweitrangig sein.

---

22 ebenda

55. Potsdam

Die alte Residenzstadt ist wieder da. Potsdam und Berlin hängen wieder zusammen. Nur ein paar Schritte braucht man für einen Städtewechsel.

Potsdam - „Berlins kleine Schwester“ - musste schon einiges über sich ergehen lassen.

Von der ersten deutschen Diktatur - seit dem „Tag von Potsdam“ propagandistisch missbraucht, von den Siegermächten bei der „Potsdamer Konferenz“ als Plattform des Triumphes genutzt und von der zweiten Diktatur realsozialistisch egalisiert, fand sich diese Stadt schwerer als andere Orte aus der „DDR“ in das vereinte Deutschland.

Zwar hatte die Havelstadt nach der Wende mehr Trümpfe in der Hand als die meisten anderen Kommunem, doch sie konnte oder wollte diese nicht recht ausspielen. Potsdam wurde Landeshauptstadt - fast wider Willen. Während sich andere märkische Orte danach rissen, Hochschulstandorte zu werden, erduldete Potsdam mürrisch, dass sich hier gleich drei Hochschulen festsetzten: eine Fachhochschule, die Filmhochschule und die Universität. Die „Schlösser und Gärten“ sollten nicht zu sehr an Glanz und Gloria der Monarchie erinnern und vor allem nicht die aus der Plattenzeit überkommene Großbau-Mentalität einiger Stadtväter behindern. Die schwesterliche Nähe zu Berlin mit ihren gesellschaftlichen und kulturellen Möglichkeiten wurde nicht als Chance gesehen, sondern eher als Angst vor Überfremdung empfunden.

Aus einer Art Trotzhaltung gegen den „Westen“ und gegen das vereinte Berlin heraus wollte man das erhalten, was man aus „DDR“-Zeiten kannte: Die reglementierten Massenführungen durch „Sanssouci“, die „DEFA“, das mehrspartige „Hans-Otto-Theater“, die „Weiße Flotte“, den „Luftschiffhafen“ als überregionales Sportzentrum, das Stadtmuseum, das „Fontane-Archiv“ und vieles mehr. Es sollte auch im vereinten Deutschland ein Potsdam der kleinen Leute sein. Auf die Rückkehr potenter Alt-Potsdamer oder deren Nachfahren legte man wenig wert. Gleichzeitig wollten einige sozialistische Neukapitalisten im Rathaus das Potsdam des kleinen Mannes vollenden, und es entstand die Hybris des „Potsdam-Centers".

Dann ging alles nicht so weiter. Auch Potsdam war in der „Berliner Republik" angekommen und befand sich auf dem Prüfstand. Ein neuer Oberbürgermeister wollte dem Zustand ein Ende bereiten, dass die Stadt über die Verhältnisse lebte. Dabei ließ er sich auch nicht von glanzvollen Ereignissen wie einem deutsch-französischen Gipfel oder einem Ministerpräsidententreffen blenden. Wäre es dem Oberbürgermeister gelungen, die Landeshauptstadt - ganz in der Tradition des alten Preußens - bei den Einnahmen und Ausgaben in ein Gleichgewicht zu bringen, hätte er damit ein Zeichen für die größere Schwester gesetzt!

Auch von außen kamen Fragen. Immer wieder grübelte man bei der „UNESCO", ob das so kunstvoll in die Havellandschaft eingefügte königliche Schlösser- und Parkensemble auf der Liste des „Weltkulturerbes" bleiben könne. Mal war es das „Glienicker Horn", dessen Bebauung den Status bedrohte, dann war es das „Potsdam-Center". Auch die „Universität Potsdam" wurde überprüft: Ein „Wissenschaftsrat" führte das durch, was in der Sprache vermeintlicher Fachleute „Evaluation" genannt wurde: Einen Test der Qualität von Lehre und Forschung, verbunden mit der Frage, ob das „Potsdamer Profil" der Fächer in die berlin-brandenburgische Hochschullandschaft passen würde, kam. Viel Aufregung herrschte an der Alma Mater! Schließlich stellten sich auch bei Babelsberg, dem Standort mit der Filmtradition Fragen: Würde hier die Bodenverwertung über die angestrebte filmische Orientierung siegen?

Die „Potsdam-Center" genannten Bauklötze am Bahnhof Potsdam-Stadt lagen schwer und unfertig da, während die architektonisch und städtebaulich einladende Einkaufsmeile der „Brandenburger Straße" mehr und mehr ihr rein kommerzielles Niveau aufgab. Im „Holländerviertel" gab es Glanzlichter, aber gleich daneben viele tote Bauten. Die jeweils im Sommer stattfindenden „Musikfestspiele Potsdam-Sanssouci" waren überregional gefragt, bemerkenswerte Inszenierungen am „Hans-Otto-Theater" jedoch wurden in den Berliner Feuilletons eher en Passant registriert. „Sanssouci" konnte sich vor Besuchern nicht retten. Und während viele in der „Universität Potsdam" lediglich eine aufgemotzte

Lehrerakademie sahen, lagen dort die Politikwissenschaftler im nationalen Ranking vorn Auch die große astrophysikalische Tradition auf dem „Telegrafenberg“ wurde fortgesetzt. Und Potsdam wurde Zentrum der Klimaforschung n Deutschland.

Potsdam schwankte zwischen Vergangenheit und Zukunft, durchlebte eine Phase der Widersprüchlichkeiten. Die Stadt war vom Militär befreit, was sich so viele Politiker seit der „Wende“ gewünscht hatten. Die preußische Garnisonstadt wurde Geschichte. Mit dem Abzug des letzten sowjetischen Soldaten jedoch musste Potsdam sich um zivilen Ruhm bemühen.

Als Potsdam den Prüfstand verließ, hatte es einige Federn lassen müssen. Die Stadt wollte dennoch ihre Identität finden. Eine Schlafstadt vor den Toren Berlins wollte sie nicht werden. In der Landeshauptstadt schlug bald das Herz der gesamten Mark Brandenburg mit einer politischen Kultur, die sich von derjenigen der „Berliner Republik“ rund um den „Pariser Platz“ unterschied. Potsdam hatte sein Profil nicht ausschließlich daraus abgeleitet, dass es die Stadt der Schlösser, Stadtvillen und Seen war. Der Ort wollte sein eigenes Potential in den Mittelpunkt stellen. Er verfügte schließlich mit seiner Rolle als Landeshauptstadt des auch in Berlin so geliebten Brandenburgs, mit seinen Festwochen, den drei Hochschulen und zahlreichen Forschungsinstituten über Strukturen, die in die Zukunft wiesen. Potsdam konnte eigenes Leben, eigenes Flair erhalten und neues hinzugewinnen. Selbst wenn es nach der „Wende“ zunächst nicht gewünscht war: Auch Großbürgerliches gehörte verstärkt zur Potsdamer Mischung.

Würde es diese Stadt nicht geben, müsste sie erfunden werden! Die benachbarte Metropole der Hektik und Konflikte, der Vielfalt und Krawalle, braucht ein bodenständigeres Gegengewicht, in dem nicht nur Gewesenes zu sehen ist, sondern wo mit Muße ebenfalls an der Zukunft gearbeitet wird.

Jetzt wurde klar: Wenn die „kleine Schwester“ hier und da von Eingeschliffenem ablässt und ihre neueren Potentiale stärker hervorhebt, wird sie neben der „großen Schwester“ gut bestehen können.

So ist das unter Geschwistern eben…

56. Sachsenhausen[23]

Erster Besuch des ehemaligen Westberliners Friedrich Schnabel in Sachsenhausen. Deutschland war gerade vereinigt, die Zukunft der Gedenkstätten ungewiss. In der Region war zu den Westberliner Gedenkstätten „Topografie des Terrors" und „Wannseevilla" nun „Sachsenhausen" hinzugekommen und wartete auf neue Impulse. Sachsenhausen liegt nördlich von Berlin-Reinickendorf, einem einst Westberliner Bezirk.

Es war ein schöner Frühsommertag. Das Gelände der Gedenkstätte war leer, glich einer verwilderten Wiese. Keine Besucherscharen zogen über das von der warmen Nachmittagssonne beschienene Feld. Schnabel konnte sich nicht vorstellen, dass hier Baracken eng an eng gestanden hatten, in und zwischen denen Tausende von Menschen gehaust hatten und leben mussten. Er hörte nicht ihr Stimmengewirr, nicht das Klappern der Essensgeschirre, nicht die Lieder oder Klagen der Gefangenen, auch nicht die Rufe der „SS"-Aufseher. Es herrschte die Stille und Heiterkeit eines Sommernachmittags. Über das Feld hoppelten Kaninchen, grasten kurz und fühlten sich sicher. Der Besucher aus dem einstigen Westberlin wehrte sich gegen den Eindruck der Idylle, wollte die Sonnenstrahlen nicht genießen, verwünschte die sich aufdrängende heimelig-märkische Atmosphäre. Er spürte, Sachsenhausen war ein Ort, der sich nicht sogleich erschloss, bei dem es viel Zeit brauchte, um sich ihm anzunähern.

Der letzte noch von der „DDR" eingesetzte Leiter der „Nationalen Mahn- und Gedenkstätte Sachsenhausen" hatte sein Büro im „Turm A", jenem Gebäude, in dem sich die schmiedeeiserne Pforte mit der Inschrift „Arbeit macht frei" befindet. Durch diese Pforte kamen die Häftlinge in das Lagerinnere. Der „Turm A" war auch ein Bürogebäude mit Arbeits- und Sitzungszimmern. Es wurde behauptet, der letzte „DDR"-Gedenkstättenleiter residierte in just

---

23 S. Jürgen Dittberner, Schwierigkeiten…, a.a.O., S. 41 ff

demselben Zimmer, in dem einst ein NS-„Lagerkommandant" seinen Schreibtisch gehabt hätte. Der später vom brandenburgischen Kulturministerium berufene kommissarische Leiter verlegte seinen Arbeitsplatz in die erhalten gebliebene Revierbaracke „R II". Dessen Nachfolger wiederum zog in ein vom Finanzamt Oranienburg renoviertes Arbeitszimmer im außerhalb der Gedenkstätte gelegenen „T-Gebäude", das von der „SS" als Verwaltungszentrale aller Konzentrationslager errichtet worden war.[24] – In der Gedenkstätte war schon die Wahl eines Arbeitsplatzes problematisch. Jedes Büro war „authentischer Ort", und seiner Auswahl wurde symbolhafte Bedeutung beigemessen.

Der „DDR"-Mann im „Turm A" hatte nach der „Wende" auf dem Gelände der Gedenkstätte einen Stein aufstellen lassen. Der sollte an das „Speziallager Nr. 7" der sowjetischen Militärregierung nach 1949 erinnern. Für den alten „SED"-Mann aus Berlin-Treptow war das gewiss kein leichter Schritt gewesen, und es war glaubwürdig, als er vom Protest vieler seiner Genossen gegen den Stein berichtete.

Seinen Platz musste er räumen, als in Potsdam eine „westlich-demokratisch" gewählte Landesregierung die Verantwortung für die Gedenkstätten erhalten hatte. Als ihm die Kündigung überreicht wurde, nahm er diese entgegen wie ein Offizier aus dem 19. Jahrhundert, dessen Armee verloren hatte und der ohne Klagen und Zögern sein Kommando abgab.

Auch andere Mitarbeiter der alten Gedenkstättenleitung mussten gehen. Entweder waren sie „SED"-Aktivisten oder „Stasi"-Verpflichtete gewesen. Im früheren „Kommandantenhaus" hatte eine Personalkommission des Kulturministeriums aus Potsdam getagt, und von allen Mitarbeitern ausgefüllte Personalfragebögen der Landesregierung durchgesehen. Wer in Verdacht geriet, zu stark an die „SED" oder die „Stasi" gebunden gewesen zu sein, wurde zu einer Befragung ins „Kommandantenhaus" gebeten.

Die Personalüberprüfung der Landesregierung hatte einen doppelten Effekt: Zum einen konnte danach behauptet werden,

---

24 Johannes Tuchel, Die Inspektion der Konzentrationslager. Das System des Terrors. 1938 -1945, Berlin 1994

unter den Gedenkstättenmitarbeitern sei keiner mehr mit einem „politischen Auftrag" aus der vergangenen „DDR"; zum anderen „kassierte" das Potsdamer Finanzministerium die Stellen entlassener Mitarbeiter ein und benutzte die Gedenkstätte als „Steinbruch" für anderswo benötigte Posten.

Bei seinem ersten Besuch in Sachsenhausen gelang es Schnabel nicht, die Leere dort zu begreifen. Nicht nur die Aufseher und Häftlinge waren fort, ihre Stimmen verstummt, auch die Bauwerke, in und mit denen sie leben mussten, existierten überwiegend nicht mehr. Das weite Feld der Gedenkstätte, über das Kaninchen hoppelten, soll noch 1945 voll mit Baracken gewesen sein – fächerförmig aufgestellt und zulaufend auf den „Turm A". Von hier aus, so wurde berichtet, konnte ein einziger „SS"-Mann das gesamte Lager mit einem Maschinengewehr „abstreifen". Auf den halbkreisförmigen Fächer der ersten Barackengruppe am Appellplatz hatte die „SS" einen zynischen Spruch schreiben lassen: „Es gibt einen Weg zur Freiheit. Seine Meilensteine heißen Gehorsam, Fleiß, Ehrlichkeit, Ordnung, Sauberkeit, Nächstenliebe, Wahrhaftigkeit und Liebe zum Vaterland".

Der ursprüngliche „Lageplan" von Sachsenhausen war ein Produkt verbrecherhafter Rationalität. Doch die allermeisten Baracken existierten bei Schnabels Besuch nicht mehr. Sie müssen nach 1950 „ausgeschlachtet" worden sein, hatten offenbar der Bevölkerung als frei verfügbares Lager für Bauholz und Baumaterial gedient. So konnte vermutet werden, dass manche Gartenlaube in Oranienburg und Umland Träger, Bohlen und Balken in sich hatte, die in früheren Zeiten Elemente von „KZ-Baracken" waren…

Dort, wo die Baracken gestanden hatten, erinnerten eingelassene Steine an die Standorte. Zwei Baracken waren geblieben, dazu die „Häftlingsküche" und „-wäscherei", Teile der Lagermauer, eine „Pathologie", Wachtürme, der „Turm A" und die Mordstätte „Station Z" mit den Resten einer „Genickschussanlage" sowie eines Krematoriums: alles Steinbauwerke. Diese Mörderrationalität der Architektur war schon von ihren Erschaffern nicht realisiert worden. So entstanden außerhalb der Reichweite des einen Maschinengewehres kleinere Lager, wie die „Jüdischen Baracken" und ein

Zellenbau nördlich des „Turms A", der bei Schnabels Besuch original erhalten war.

Als in der „DDR" die Gedenkstätte Sachsenhausen gestaltet wurde, achtete man nicht auf die alten Wege und Pläne, sondern konzipierte nach eigenen Bedürfnissen: Die Gedenkstätte musste für Massenveranstaltungen geeignet sein. Ein Obelisk als Zeichen des Sieges über den „Faschismus" wurde errichtet, ein altarähnliches Denkmal davor, und eine Ringmauer hinter dem „Turm A" sollte das vergangene Lager symbolisieren.

So kam das Lager Sachsenhausen als Gedenkstätte ins vereinte Deutschland: Entkernt, überbaut und verlassen von den Abertausenden, die hier gelebt hatten – als Opfer und als Täter! Das hieß, einige der Opfer – Sprecher Überlebender – waren nach der Vereinigung von „Ost" und „West" zur Stelle. In Potsdam und in Oranienburg suchten und fanden sie, wie Schnabel erfuhr, Gelegenheit, die neuen Verantwortlichen für die Gedenkstätte zu treffen. Sie fürchteten, die Gedenkstätte könnte „abgewickelt" werden. Dagegen gingen sie mit aller Schärfe und Hartnäckigkeit vor. Jede kleinste organisatorische und bauliche Veränderung wurde registriert und daraufhin untersucht, ob das der erste Schritt zur „Abwicklung" sei.

Ein besonderes Streitobjekt war das „Museum des antifaschistischen Freiheitskampfes der europäischen Völker", untergebracht in einem Gebäude, welches in „DDR"-Zeiten rechts vor dem „Turm A" errichtet worden war und als „Neues Museum" bekannt wurde. Das „Museum" bestand aus einer Aneinanderreihung von unterschiedlichen Ausstellungen über die Schicksale europäischer Völker unter den „Nazis". Diese Nationenausstellungen waren von kommunistischen Häftlings-Organisationen – in den „sozialistischen" Ländern halbstaatliche Einrichtungen – gestaltet worden und hatten propagandistischen Charakter. Der vom Potsdamer Kulturministerium für einen Übergang eingesetzte kommissarische Gedenkstättenleiter ließ dieses „Museum" abbauen und provozierte damit Protest bei Häftlingsorganisationen.

Doch das flaute ab. Andere Ausstellungen kamen in das sozialistische Museumsgebäude. Schließlich wurde immer deutlicher, dass das „Neue Museum" renovierungsbedürftig sei. Die Kosten für die Instandsetzung waren immens, so dass bald nicht mit einer Wiederherstellung des Baus gerechnet werden konnte. Das verursachte kein großes Aufsehen mehr; selbst die Vertreter der Überlebenden hatten mittlerweile so viel Vertrauen in die neuen Verantwortlichen aus Bonn, Potsdam und Oranienburg gefasst, dass diese ihre Gedenkstätte erhalten und nicht „abwickeln" wollten - wie wenig Geld sie auch zur Verfügung gehabt haben mochten.

Nach der „Wende" gab man der Gedenkstätte einen neuen Namen: „Gedenkstätte und Museum Sachsenhausen". Damit war der Anspruch verbunden, der Einrichtung einen wissenschaftlichen Anker zu geben. Doch die Einrichtung tat sich damit schwer. Das Museum zeigte wenig Leben. Zwar wurde eine Ausstellung über das ehemalige „SA"-Konzentrationslager gezeigt,[25] auch gab es kleinere Ausstellungen wie über Juden in Sachsenhausen und über das sowjetische „Speziallager" der Nachkriegszeit, aber die Gedenkstätte behielt die zentrale Lagerausstellung aus der „DDR"-Zeit bei. Es irritierte Besucher wie Schnabel, als sie die veraltete, unspezifische und eindeutig „DDR"-Geist versprühende Ausstellung sahen. Nach der Vereinigung war diese „Exposition" nicht mehr so sehr als Zeugnis über die „KZ"-Geschichte interessant, sondern mehr als solches über den Umgang der „DDR" mit dem Nationalsozialismus. Neben der idyllischen Leere und Ruhe war es diese zentrale Lagerausstellung, die es Schnabel schwer machte, sich ergreifen zu lassen von der authentischen Aura des Ortes.

Wo es zu einer Seite ins „KZ" ging, führte der Weg zur anderen Seite zu einem riesigen Gebäude aus Holz, das grün angestrichen war. Das war die Kantine der „SS", die alle Nachkriegszeiten überdauert hatte und als das „Grüne Ungeheuer" ungenutzt dastand. Ungenützt war ebenfalls der größte Teil der ehemaligen „SS"-Gebäude: An den Kasernen, Bürogebäuden und Garagen nagte der Zahn der Zeit. Die einstige politische Kommandantur verfiel. Zwar hatte ein „westlicher" Architekt der Stadt

---

25 s. Günter Morsch (Hg.), Konzentrationslager Oranienburg, Berlin 1994

Oranienburg ein städtebauliches Konzept für Sachsenhausen vorgelegt, das Zubauten und Gewerbeansiedlungen vorsah, jedoch siedelte sich auf dem heiklen Terrain kein Gewerbe an.

Mit dem Finanzamt Oranienburg hatte die Gedenkstätte Sachsenhausen gute Beziehungen. Schnabel erfuhr: Gleich nach der Gründung des Landes Brandenburg musste dessen Finanzminister Finanzämter aus dem Boden stampfen. Die hatte es in der „DDR“ nicht gegeben. In Oranienburg nahm die Behörde ihre Arbeit zunächst in Baracken auf, die in der Nähe eines S-Bahnhofes zur Verfügung standen. Die Arbeitsbedingen dort waren katastrophal. Man konnte meinen, in ehemaligen „KZ“-Baracken – notdürftig zu Büros umfunktioniert – zu sein. Doch das Potsdamer Ministerium hatte vorgesorgt und sich des leeren „T-Gebäudes“ bemächtigt, in dem bei den „Nazis“ einst die „Inspektion der Konzentrationslager“ residiert hatte und das danach von der „Nationalen Volksarmee“ genutzt worden war.

Das einst von der „SS“ gebaute Haus war heruntergekommen. Doch der Finanzminister setzte es instand, stattete es mit moderner Technik aus und buhlte beim Kollegen im Kulturministerium um moralische Absolution. Einige Personen protestierten gegen die Vorstellung, dass ein Finanzamt die Nachfolge einer „SS“-Behörde anträte. Doch das Kultur- und das Finanzministerium in Potsdam schlossen einen Kompromiss: Mitnutznießer des renovierten „T-Gebäudes“ sollte die neue „Stiftung Brandenburgische Gedenkstätten“ sein. In Frankfurt an der Oder gab der Finanzminister dafür seinen Widerstand gegen den ebenfalls für die Hochschulen zuständigen Kulturminister auf und überließ diesem ein wilhelminisches Gebäude für die wiedergegründete „Universität Viadrina“.

So wurden die zur Stiftung gehörende Gedenkstätte Sachsenhausen und das Finanzamt Oranienburg Nachbarn. Für die Stiftung hatte das einige Vorteile, denn das Finanzamt übernahm mit dem Haus verbundene Grunddienste auch für die Stiftung. Als bei den 50. Jahrestagen der Befreiung der Konzentrationslager in der Stiftung Personalnot herrschte, gewährte das Finanzamt personelle Hilfeleistung.

Die ständige Ausstellung über die Geschichte der „Inspektion" wurde übrigens von Mitarbeitern des Finanzamtes und der Stiftung gleichermaßen ignoriert...

Vor der Jahrtausendwende schwebte die Gedenkstätte Sachsenhausen zwischen Neuanfang und Verfall. Ihre künftige Rolle neben den Berliner Gedenkstätten war unklar. Ende des Jahres 1997 wurde der Neubau der durch den Brandanschlag zerstörten „Jüdischen Baracken" eingeweiht. Es war ein Kraftakt, dieses Werk zu bewältigen. Über vier Millionen DM mussten bereitgestellt werden. Nun hatte die Gedenkstätte Sachsenhausen den modernsten Museumsbau in Brandenburg. Auf der anderen Seite befanden sich Überreste der einstigen „Station Z" mitsamt ihrer sozialistisch-kolossalen Überbauung in einem fragilen Zustand. An allem nagte der Zahn der Zeit, und das Ensemble drohte zusammenzufallen. Hier, am brisantesten Orte von Sachsenhausen, wo Menschen in einer „Genickschussanlage" getötet und Leichen verbrannt wurden, drohte alles im märkischen Sand zu versinken.

„Z", das war im Alphabet des Unmenschen das Ende des Lagers. Wie viele Besucher hatten gerade an dieser Stelle die Toten beklagt? So unterschiedliche Politiker wie Walter Ulbricht, Izhak Rabin oder Roman Herzog hatten ihre Kränze niedergelegt. Aber es bestand Einsturzgefahr, und es war nicht sicher, ob es gelingen würde, diese abzuwenden. Langsam nur näherte sich die rettende Bürokratie dem verfallenen Ort in einem Wettlauf mit der Zeit. Für die Gestaltung Sachsenhausens gab es seit 1998 ein Konzept. Es sollte die authentischen Strukturen wieder zeigen. Die „Station Z" sollte dabei der besondere Ort des Gedenkens bleiben.

Doch die Finanzierung des Vorhabens war nicht gesichert. Man konnte von Oranienburg-Sachsenhausen mit der S-Bahn in 30 Minuten zum Potsdamer Platz mitten in Berlin fahren – zu den Ministergärten, zur Ausstellung „Topografie des Terrors" im ehemaligen Westberlin. Auch zum „Jüdischen Museum" war es nicht weit.

Doch wie lange dauerte die Annäherung an Sachsenhausen? – Einmal fragte ein Bundesbeamter, in dessen

Zuständigkeitsbereich das Gedenken in Berlin und Brandenburg lag, am Rande der „Berliner Filmfestspiele", wie weit es nach Sachsenhausen sei und wie man dort überhaupt hinkäme...

Konnte ein ehemaliger Westberliner wie Schnabel helfen?

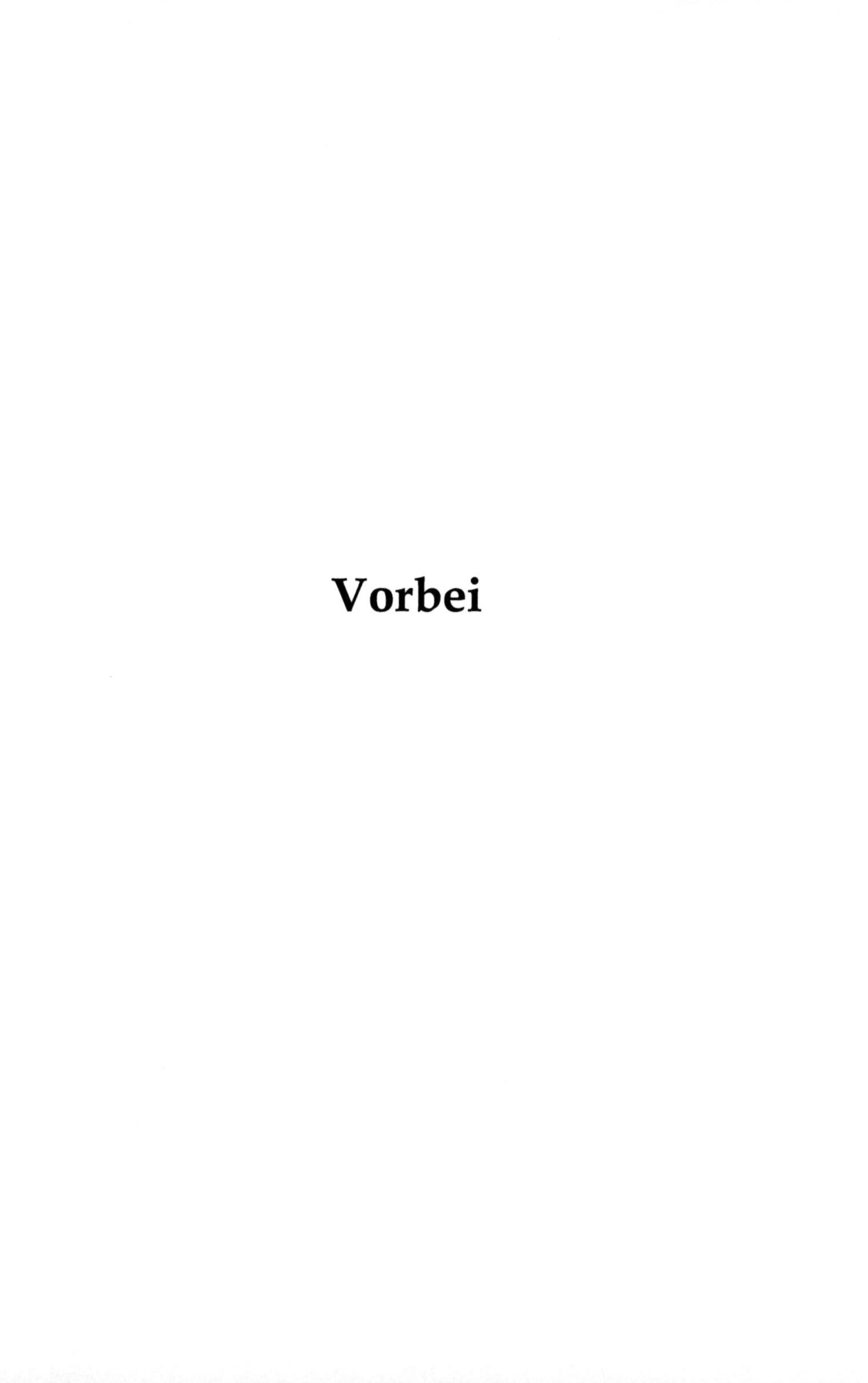

Vorbei

57. 2023

2023 war Deutschland dreißig Jahre lang vereint. Die Hauptstadt hieß wieder Berlin, allerdings nicht mehr „Reichshauptstadt", auch nicht mehr „Hauptstadt der DDR", sondern „Bundeshauptstadt". Deutschland nannte sich „Bundesrepublik Deutschland" und war eine föderalistische und repräsentative Republik. Eines seiner Bundeländer war Berlin: Das ehemalige Westberlin war mit der einstigen „Hauptstadt der DDR" vereint. Das gesamte Land hatte sechszehn Jahre unter der Kanzlerschaft einer „Ostdeutschen" gelebt. Einen „ostdeutschen" Bundespräsidenten hatte es ebenfalls gegeben.

Die „Bundesrepublik" war Mitglied der „Europäischen Gemeinschaft" (die allerdings zwischenzeitlich von Groß-Britannien verlassen wurde) und hatte den „Euro" (€) statt der „Deutschen Mark" („DM") ebenso wie viele andere europäische Staaten - beispielsweise Frankreich oder Italien - als Zahlungsmittel eingeführt. Die Grenzen nach außen waren zumeist offen. Ausweiskontrollen wurden immer seltener in Europa.

Die ostdeutsche Kanzlerin war von der CDU gekommen, sozialdemokratisierte aber das Land. Sie hatte den Atomausstieg und die Zuwanderung von Ausländern durchgesetzt. Als Energielieferant diente ihr Russland.

„Wir schaffen das!", lautete ihr Credo.

Dann fiel die „Coronakrise" über das Land her, und Russland griff die Ukraine militärisch an. Zur Bekämpfung der Pandemie ordnete die Regierung Maßnahmen wie Versammlungsstopps oder Ausgehverbote an. Dagegen Opponierende hießen „Querdenker" und wurden angefeindet.

Waren die schwer errungenen bürgerlichen Freiheitsrechte gefährdet?

Im Krieg ergriff Deutschland wie die gesamte „NATO" unter Führung der USA faktisch die Partei der Ukraine, hütete sich aber, offensichtliche Kriegspartei zu werden. Und als dann Israel im Herbst 2023 von Palästina her brutal verletzt wurde, verschärfte sich die Lage noch. Das seit 1945 geltende Verbot des

Waffenexportes wurde aufgeweicht. Wer das kritisierte, machte sich in der öffentlichen Meinung verdächtig.

Der Ton in Deutschland, das sich lange in der Weltpolitik zurückgehalten hatte, wurde schärfer. Es wurde unter anderem geargwöhnt, „Coronaleugner“ wären keine richtigen Demokraten, hartnäckige „Pazifisten“ seien „Russlandfreunde“ oder Palästinaerklärer müssten automatisch „Israelfeinde“ sein.

Aber nicht nur der Ton, auch die Sprache selber änderte sich. Tatsächlich oder vermeintlich „rassistische“ Wörter wurden tabuisiert, es wurde „gegendert“, die Zahl der Geschlechter wurde erhöht, „Queere“ und „Trans-Menschen“ rückten in die Öffentlichkeit.

Die Kanzlerin aus dem einstigen „Osten“ war abgetreten, und mit der „Ampel“-Regierung in Berlin war ein „Epochewandel“[26] verbunden. Angela Merkel - die „Ost-“ und einstige „Weltkanzlerin“ wurde plötzlich verfemt, und die Partei „Die Grünen“ versuchte, in Deutschland den Klimawandel zu gestalten. Die Abhängigkeit von Russland wurde beendet. Bürger sollten auf „Klimaneutralität“ verpflichtet und der „Feminismus“ in den Mittelpunkt gestellt werden. Jeglicher „Antisemitismus“ wurde geächtet.

Die Umfragewerte der „Grünen“, welche sich zunächst auf dem Wege zur „Volkspartei“ gewähnt hatten, sanken. Immer weniger Menschen wollten keine Erzieher in Ministerämtern. Immer mehr behaupteten in Befragungen, sie würden sich der „rechten“ AfD („Alternative für Deutschland“) zuwenden. Aus der Linkspartei heraus bahnten sich deren Untergang und die Gründung einer neuen Partei an.

Die Zukunft des Landes wurde ungewisser. Die einen sahen schwarz für die wirtschaftliche Zukunft des Landes, die anderen hofften auf Wunder. Der alte Spruch: „Die Wirtschaft ist nicht alles, aber ohne die Wirtschaft ist alles nichts.“, geriet mehr und mehr in Vergessenheit. – Das vereinte Berlin wollte die Zukunft durch Vielfalt erreichen und so Pionier für das gesamte Land sein.

Etwas Neues schien sich aufzubauen.

---

26 S. Jürgen Dittberner, Klima, Corona, Krieg: Ein Epochewandel. „Die (Der?) Nächste bitte!“. Von Merkel zu Scholz, Berlin 2022

58. Träume und Schäume

1990 - nach der deutschen Vereinigung -schienen die Bäume für Berlin in den Himmel zu wachsen. Es hieß, der gesamte Markt Osteuropas läge der Stadt zu Füßen. In Ostberlin gäbe es genügend Experten, die sich in den Regionen, den Sprachen und den Techniken auskennen würden. Im Westen bestünden gute Kontakte nach Frankreich, Großbritannien und die USA. Expansion nach Ost und West: Berlin würde einen Synergieeffekt sondergleichen erfahren, die Stadt würde eine Zuwanderungswelle erleben und geradezu bersten. Das glaubten einst viele - drinnen und draußen.

Ein jüdischer Emigrant mit preußisch klingendem Namen, der es in den USA zu Wohlstand gebracht hatte, sagte, wenn er jünger wäre, würde er jetzt in Berlin anfangen. Im „Springer-Haus" versammelte sich die deutsche Werbewirtschaft, und ihre Repräsentanten erklärten Senatsvertretern, Berlin solle den Hauptstadtanspruch fallen lassen. Berlins Vorbild sei New York und nicht das bürokratische Washington. Ein bekannter Publizist, angeblich Erfinder des Begriffes „Berliner Republik", warnte Berlin vor piefigen Bürokraten - jetzt, wo Wirtschaftler, Wissenschaftler und Künstler in Scharen an die Spree kämen.

Der damalige Regierende Bürgermeister von Gesamtberlin widersprach: „Wenn Berlin nicht Hauptstadt wird, geht es vor die Hunde".

Viele Berliner glaubten lieber an die kommenden paradiesischen Zeiten. Politiker aller Parteien, Banker und die Wirtschaft waren sich einig: Mit der liquiden „Sparkasse" und der weithin präsenten „Berliner Bank" wären der Stadt zwei Institute - aus Westberlin! - überkommen, welche die Expansionen nach Ost und West organisieren und regeln könnten.

So bastelte man an einer Landesbank. Sie würde - endlich - der Stadt Wohlstand und eigenes Einkommen schaffen und die unselige Abhängigkeit beenden. Warnungen - etwa der Belegschaft der Sparkasse oder des Präsidenten des Sparkassen- und Giroverbandes - wurden überhört. Die zu schaffende Landesbank Berlin würde zu einem der größten Bankinstitute Deutschlands aufsteigen, schwärmten die Propheten, und das Schöne würde sein, dass alles der Stadt Berlin gehören würde. In der Fantasie so vieler war eine Milchkuh geboren, von der das neue Berlin gut leben würde. Dabei wurde unterstellt, dass die Verbindungen zwischen der Politik und der Bankenwelt eng geknüpft bleiben sollten - so wie es sich in Westberlin bewährt zu haben schien.

Doch die Träume erwiesen sich als Schäume. Die „goldenen" Märkte im Osten brachen weg; die gesamte Region formierte sich wirtschaftlich und politisch neu. Auf der anderen Seite verkleinerten sich die westlichen Partner im vollen Druck der Globalisierung. Die ehemalige und vorübergehend noch existente „DDR" blühte nicht - wie mancherorts erwartet - auf, sondern sie wurde politisch und ökonomisch abgewickelt. Viele der Experten für den Osten wurden mit „Stasi"-Geschichten konfrontiert, und die guten Kontakte mancher Westberliner bis in die USA waren nicht mehr viel wert, nachdem die Teilstadt aufgehört hatte, „Insel der Freiheit im roten Meer" zu sein.

Dann kam eine schwarz-gelbe Bundesregierung und strich „ratz-fatz" die alte Westberliner „Berlinhilfe" und alle Berlinzulagen ohne jeden Übergang. Die Stadt könne sich nun selbst helfen, lautete die Begründung.- Eine Fehleinschätzung war das.

Obendrein begann eine unsägliche Hauptstadtdebatte. All die schönen Worte aus der Zeit der Teilung waren vergessen. Schnell wurde im Gesetz der Passus gestrichen, dass Berlin Sitz der Bundesbank sei. Berlin sei der Ort der Diktatur, der „Nazis" und der Kommunisten, hieß es nun. Die Stadt sei unchristlich und stehe für einen Zentralismus, der Deutschland stets Unglück gebracht hätte.

Die Erkenntnis dämmerte, dass die frühen Berliner Träume Schäume gewesen waren. Nicht Westberlin, nicht Ostberlin, sondern eine schwarz-rote Notgemeinschaft übernahm die Federführung in jener Stadt, die am Ende nur mit Glück und knapp im Streit „Bonn-Berlin" die Nase vorn hatte. Aber extreme Föderalisten sorgten sogleich für den Malus. Bewährte Einrichtungen wie das Bundeskartellamt, das Bundesverwaltungsgericht oder das Bundesumweltamt mussten Berlin verlassen. Mit dem Zusammenbruch der

Industrie im Osten verlor Berlin weitere Arbeitsplätze. Am Ende wollten nicht einmal die Brandenburger mit Berlin zusammen in die Zukunft gehen.

Aus all den Träumen waren endgültig Schäume geworden.

In der Stadt hofften jedoch einige noch immer auf Wunder. Nach dem Motto, dass nicht ist, was nicht sein darf, türmte eine Senats-Notgemeinschaft Schulden auf, um über die Runden zu kommen. Vielleicht würde die Kuh Landesbank doch noch Milch liefern, hoffte mancher. Weil niemandem etwas Besseres einfiel, ließ man das alte Personal der beiden ehemaligen Stadthälften weiter basteln.

Da fiel auf, wie sehr Politik und Wirtschaft verwoben gewesen waren. Das war wirklich nicht länger akzeptabel! Der scheinbar zu dauerhafter Zweitrangigkeit verurteilte Partner einer parteipolitischen Notgemeinschaft zwischen ihr und der CDU/CSU - die SPD - setzte sich an die Spitze. Das Motto „Sparen, bis es quietscht." und ein Gang zum Bundesverfassungsgericht brachten zwar einen Mentalitätswechsel, aber arm blieb Berlin dennoch, wenn auch - wie einige Meinungsmacher proklamierten - vielleicht „sexy".

Die Landesbank und ihre Strukturen gehörten jetzt der Vergangenheit an. Niemand glaubte mehr an die Milchkuh. Die flotten Sprüche über Armut und Sex halfen auch nicht weiter.

Es schien, als stünde Berlin ein langer Marsch durch die Ebene der deutschen Politik im Bund und in den Ländern bevor. Sachlich und realistisch musste sich die Berliner Politik um Verständnis hier und Unterstützung da bemühen. An die Stelle des Anspruchs würde das Werben treten. Dafür war es notwendig, dass sich die Stadtpolitik für Berliner Institutionen und Projekte verantwortlich fühlte. Bevor von außerhalb geholfen wurde, musste man wissen, wie Berlin selbst zu seinen früheren „Leuchttürmen" stünde.

Stadtpolitik wurde Hauptstadtpolitik.

59. Hätte, hätte, Fahrradkette 5

„Hätte" es Westberlin gar nicht gegeben, wäre es dann jemals zur deutschen Einheit gekommen?

Die „DDR" wäre womöglich ein ganz normaler europäischer Staat geworden wie Österreich oder Schweden. Die „BRD" „hätte" sich Frankreich angenähert. Berlin als Ganzes wäre die Hauptstadt Ostdeutschlands gewesen, und zwischen Bonn und Paris wäre eine Schnellverbindung per Bahn geschaffen worden. Ostdeutschland wäre immer atheistischer geworden, Westdeutschland immer katholischer. Die Thüringer aber „hätten" den evangelischen Glauben hochgehalten und in aller Welt propagiert.

Zwischen Berlin und Bonn „hätte" es diplomatische Beziehungen gegeben, und der westdeutsche Botschafter in der „DDR" „hätte" womöglich am Kurfürstendamm residiert, der „DDR"-Vertreter in Bonn womöglich am Tulpenfeld. Der Handel zwischen Berlin und Bonn wäre aufgeblüht. Westdeutschland „hätte" Autos, Maschinen und Rheinwein exportiert. Aus Ostdeutschland wären Elektrogeräte, Möbel, Fleisch, Obst, Gemüse sowie Bier in den Westen gegangen. Der Tourismus „hätte" sich prächtig entwickelt. Ostdeutsche wären gerne nach Bayern und an die Nordsee gereist, Westdeutsche dafür nach Usedom und Rügen oder ins Erzgebirge. Eine mäßig erfolgreiche „Linkspartei" aus dem Westen „hätte" in Berlin immer wieder nach moralischer Aufrüstung gesucht. Viele Sachsen wären zum Kölner Dom gereist, um ihn zu bestaunen, und zur „Leipziger Messe" wären Ost und West regelmäßig herbeigeströmt, um sich dem Kommerz hinzugeben.

Oberschulklassen aus dem Rheinland wären nach Berlin und Potsdam verfrachtet worden, um bauliche Zeugen des untergegangenen Preußens in Augenschein zu nehmen, und eifrige Sozialisten aus der „DDR" wären nach Trier gepilgert, um des Ahnvaters Karl Marx zu gedenken.

Bei der „UNO" in New York „hätten" sich die Vertreter Berlins und Bonns zu Beginn einer jeden Sitzung herzlich begrüßt, über das Wetter daheim gesprochen und sich darüber gefreut, wieder einmal deutsche Laute zu vernehmen.

Kurzum: Deutschland-Ost und Deutschland-West „hätten" sich ganz gut verstanden und registriert, dass alle europäischen Nachbarn froh waren, dass es Deutschland gleich zwei Mal gab. Ob es unter diesen Umständen je zu einer Vereinigung beider deutscher Staaten gekommen wäre?

Aus der Stadt Berlin jedenfalls „hätte" es dazu keinen Druck gegeben. Das Zeitalter des Nationalismus war ja vorbei.

„Hätte, hätte, Fahrradkette!"

60. Aber so war es wirklich 5

Westberlin nicht vergessen

Manche „Wessis“ erinnern sich wohlig an die guten alten Bonner Zeiten. Fritz Walter und „Der Chef“ - Sepp Herberger - holten 1954 die Fußballweltmeisterschaft. Konrad Adenauer, „Der Alte“, verschaffte Deutschland in der westlichen Welt wieder Ansehen und durfte sich in Amerika als greiser Indianerhäuptling abbilden lassen. Ludwig Erhard schuf das „Wirtschaftswunder“. Karl Schiller und Franz-Josef Strauß erfanden als Bonner „Plitsch und Plum“ die „Konzertierte Marktwirtschaft“. Willy Brandt symbolisierte mit seinem Kniefall von Warschau Demut als Voraussetzung für die Aussöhnung mit dem europäischen Osten. Helmut Schmidt konnte sich danach „Weltökonom“ nennen lassen. Der „Kaiser“- bürgerlich: Franz Beckenbauer - holte eine zweite „WM“. Selbst die Chinesen schauten „Derrick“, und die halbe Welt war scharf auf die „DM“:

So kommod hatten viele „Wessis“ nach ihrer Erinnerung gelebt.

Viele „Ossis“ wollten sich durch die Wiedervereinigung ihre Biographien nicht nehmen lassen: Wie lustig und frivol war es doch bei der „FDJ“ zugegangen. Gemütlich war es mit den Familien in den Datschen und im textilfreien Urlaub an der Ostsee. Hin und wieder konnte man den Funktionären mit den „Bonbons“ am Revers ein Schnippchen schlagen. Es gab zwar wenig Begehrtes zu kaufen, aber man konnte fast alles „organisieren“. Die Kindergärten, die Betriebsfrisöre und –saunen standen offen. „Freundschaft“ galt mehr als der Tanz ums goldene Kalb - das war ohnehin schon längst in den Westen geflohen. Mit der „Nazi-Vergangenheit“ hatte man nichts zu tun; das war Sache der Westdeutschen. Die „DDR“ proklamierte gerne ihre Verbundenheit mit der „Ruhmreichen Sowjetunion“, und die Werktätigen wähnten dadurch den Frieden gesichert für ihr kleines Glück in der Nischengesellschaft.

So kommod hatten viele „Ossis“ nach ihrer Erinnerung gelebt.[27]

Aber früheren Westberlinern wird übelgenommen, wenn auch sie ihre Vergangenheit verklären. Die Nation meint zu wissen, dass diese „Frontstädter“ weder Ost- noch Westdeutsche waren, sondern eine Sondergruppe – „Insulaner“ halt. Viele „Wessis“ und „Ossis“ sagen, diese Westberliner hätten in ihrer Halbstadt auf der faulen Haut gelegen, darin ihren Vettern in der andern Stadthälfte ähnlich. Die gebratenen Tauben seien den „Spreeathenern“ in die Münder geflogen. Mit nicht selbst verdientem Geld hätten sie geprasst, opulente Opern oder Festspiele inszeniert und die Verwaltungsapparate aufgebläht. Von nichts hätten sie eine Ahnung gehabt, dafür aber bei allem ein großes Maul.

Das kann so nicht bleiben. Viele einstige Westberliner schwärmen von damals. Aus ihren Erinnerungen werden Legenden. Ihre Idole haben Namen wie Ernst Reuter und Willy Brandt, Herbert von Karajan und Boleslaw Barlog, Bubi Scholz und Harald Juhnke oder „Otto Otto“ und „Knautschke“.[28]

Viele ehemalige Westberliner kuscheln sich immer noch in ihre eigene Welt zurück –wie es viele „Ossis“ oder „Wessis“ eben auch tun: „Damals hat die halbe Welt auf uns geschaut.“ Genau wie es Ernst Reuter einst beschworen hatte: „Ihr Völker der Welt...“ Waren nicht alle gekommen? Französische Staatspräsidenten, die englische Königin und amerikanische Präsidenten waren in der Stadt. Der charismatische John F. Kennedy bekannte sich als „Bieliner“. Wie hatte die Welt die moderne Architektur des „Hansa-Viertels“ bewundert, die der „Philharmonie“ Scharouns, der „Nationalgalerie“ Mies van der Rohes oder die des Hochhauses Corbusiers?

Westberliner fühlten sich als „Insulaner“ und Weltbürger zugleich. Wie herzlich war der Kontakt der politischen Klasse zu den „Schutzmächten“-. So manche Casinofête kompensierte die Unerreichbarkeit von Kyritz oder Cottbus bei weitem. – Im alten

[27] s. auch Dirk Oschmann, Der Osten: eine westdeutsche Erfindung, Berlin 2023.

[28] Bei diesem Paar handelte es sich um einen allgegenwärtigen Kapellmeister und um ein Nilpferd im Berliner Zoo

Westberlin war Jahr für Jahr obendrein die große Welt der Illusionen zu Gast, wenn in Palästen rund um den Kurfürstendamm die „Filmfestspiele" abliefen. – Was waren Westberliner stolz auf ihre Stadtautobahnen. Außerdem hieß es: „Weg mit den altmodischen Straßenbahnen!" Wie in Los Angeles sollte es werden. Die „autogerechte Stadt" entstand. Hamburg oder München sollten vor Neid erblassen.

War das nicht schön? Ehemalige Westberliner erinnern sich mit Wohlgefühl. Ihre Repräsentanten waren kosmopolitisch. Die Berliner galten etwas in der Welt. Dass Berlinförderung und -hilfe in die Stadt flossen, war ihnen als Prämie für die Standorttreue recht und billig. Wehmütig wurden Träumer, wenn sie an ihre einstigen „Landesregierungen" dachten. Das waren noch Senatoren: Joachim Tiburtius, Ella Kay, Karl Schiller, Adolf Arndt oder Norbert Blüm! Welches Format hatten weitere Bürgermeister neben Ernst Reuter und Willy Brandt: Die tapfere Louise Schröder, der steife Otto Suhr, der vornehme Richard von Weizsäcker oder der korrekte Hans-Jochen Vogel. Die Nostalgiker werden schwermütig, denken sie an aktuelle Besetzungen im „Roten Rathaus" des vereinten Berlins.

So kommod hatten viele „Westberliner" nach ihrer Erinnerung gelebt.[29]

Aber wie war Westberlin wirklich? Eingeengt war es, überaltert, gesellschaftlich ausgedörrt, vom Westen „gehalten". Trotz allem war es politisch und kulturell kreativ.

Die Einheit entpuppte sich dann als problembeladen: Corona kam, zwischen Russland und der Ukraine tobte ein Krieg, im Nahen Osten zog der Terror ein. Es wurde offensichtlich nichts besser, und als Trost ersannen viele Deutsche ihre Legenden.

Dennoch ist es so: Erst „Ost", „West" und die Insel zusammen ergeben die neue Einheit: Neues – was auch immer – wird damit möglich.

---

29 Horst Bosetzky, West-Berlin. Erinnerungen eines Inselkindes, Berlin 2006; s. auch Ulrike Sterblich, Die halbe Stadt, die es nicht mehr gibt. Eine Kindheit in Berlin (West), Reinbek bei Hamburg 2012

61. Dinosaurier ohne Trauer[30]

Lange schon gab es Westberlin nicht mehr. Die „DDR“ ist untergegangen. Westberlin war entstanden, weil es die deutsche Teilung gab. Zwölf Berliner Bezirke bildeten eine besondere politische Einheit in Deutschland, wirtschaftlich und finanziell getragen von der Bundesrepublik, machtpolitisch gegen die Sowjetunion abgeschirmt durch die USA, Großbritannien und Frankreich. In diesem einstigen Westberlin entwickelte sich eine eigene politische Kultur - provinziell und kosmopolitisch in einem. Einerseits galt die Currywurst als Nationalgericht. Andererseits verkehrte die politische Klasse der Halbstadt mit denjenigen in Washington, London und Paris auf Augenhöhe.

Große Teile des alten Großbürgertums hatten Westberlin verlassen. Dafür kamen revolutionär angetörnte Kinder westdeutscher Bürger an die Spree, um den Aufstand zu proben. Die Mittelschicht und die Arbeiter blieben, gehalten durch subventionierte Arbeitsplätze, Lohnzuschüsse und einem Kultur- und Sportangebot vom „Schillertheater“ über „Hertha BSC“ und den „Schlittschuhclub“ bis hin zu den „Philharmonikern“. Die „Insulaner“ waren überzeugt, dass die deutsche Frage durch ihre Standortreue offenblieb. Sie blickten herab auf die „Wessis“ in der „BRD“, ebenso auf die „Zonis“ in der „DDR“.

Seit der deutschen Einheit gab es Westberliner, Wessis und Ossis nicht mehr. Aber Arbeitslosigkeit, Globalisierung und ein anrückender Strukturwandel plagten die gesamte, vereinte Nation.

Da träumten viele von der Vergangenheit.

So auch viele ehemalige Westberliner. Ihr Blick zurück war Schmerz: Gestern waren sie Helden der westlichen Welt, jetzt galten sie als Schmarotzer von einst. Die „Westberliner Dinosaurier“ wurden indes immer trauriger. Das war Stoff genug für eine Diskussionsveranstaltung. In der „Kommunalen Galerie“ im einst Westberliner Wilmersdorf ging es um das Vergangene.

---

30 Formulierung von meinem verstorbenen Freund Host Bosetzky („-ky“)

Den Versammelten berichtete der anwesende Friedrich Schnabel: Vom legendären Besuch des amerikanischen Präsidenten Kennedy bewahrte ein Nachbar ein Andenken auf. Es war eine goldglänzende Krawattennadel in der Form eines U-Bootes. Der Kriminalbeamte war zur Bewachung des mächtigsten Mannes der Welt abkommandiert worden, und die Nadel war eine Geste des Dankes für den geleisteten Dienst. Mittlerweile hatte sie ihren Zauber verloren und wurde zum profanen Gruß aus vergangenen Zeiten...

Ein Berliner Krimiautor beschwor ironisch manche untergegangenen Überheblichkeiten, Heldentaten und Fehleinschätzungen einer vergangenen Zeit. Der „Ku-damm“ wurde in seinen Erzählungen wieder der tollste Boulevard der Welt, die „Blockade“ der Freiheitskampf eines verwegenen Völkchens, Kennedy zum größten Politiker aller Zeiten und „Hertha“ der heißeste Fußballverein überhaupt.

Die Bezirksbürgermeisterin von Charlottenburg-Wilmersdorf dagegen war froh, dass es Westberlin nicht mehr gab, dass Berlin wieder in einem schönen Festland lebte, dass die „Transitstrecken“ in den Westen verschwunden waren und dass man in ihrem Bezirk kulturell und baulich an die Zeit vor dem Nationalsozialismus anknüpfen könne.

Keine Trauer also?

Zwar: Die Westberliner Legende stimmte nicht, ebenso aber ihr Gegenbild. Denn wie war Westberlin wirklich? Eingeengt war es, überaltert, gesellschaftlich ausgedörrt, vom Westen gehalten, doch trotz allem politisch und kulturell kreativ.

Wie war die „DDR“ wirklich? Sie war gesellschaftlich verödet, lag moralisch danieder, war eine Kolonie der Sowjetunion. Menschen riskierten ihr Leben, um ihr zu entfliehen. Immerhin war sie bigott genug, den Bürgern eine Portion schlichten privaten Glücks zu lassen.

Und wie war die westdeutsche BRD? Sie war materialistisch eingestellt, lebte ohne Bewusstsein über die Lage der gesamten

Nation. Sie hatte eine historische Schonzeit und konnte sich als Bürgergesellschaft und leidlich funktionierende Demokratie entfalten.

Das alles lebte bei der Diskussion in der „Kommunalen Galerie“ auf. Doch die Gegenwart war wieder voller Probleme. Wird diese jedoch einmal Vergangenheit sein, werden in den Köpfen und Herzen der Menschen neue Träume und Legenden entstehen.

Das war so, das bleibt so.

Neben einstigen Ossis und früheren Wessis sollten daher auch die Westberliner Dinosaurier aufhören zu jammern oder zu trauern. Denn ihre Zeit war zwar facettenreich, aber doch nur eine Episode in der Geschichte.

Diese ist vorbei.